AF404395

LECTURES
ET
LEÇONS DE CHOSES

AVEC 150 GRAVURES EXPLIQUÉES

A L'USAGE

DE L'ENSEIGNEMENT PRIMAIRE ET DES CLASSES
ÉLÉMENTAIRES DES LYCÉES ET COLLÈGES

Ouvrage
Répondant aux derniers Programmes officiels

PAR

PAUL BERT

MEMBRE DE L'INSTITUT
PROFESSEUR A LA FACULTÉ DES SCIENCES
DÉPUTÉ DE L'YONNE

Avec une lettre autographe de l'auteur

ADOPTÉ PAR LA VILLE DE PARIS ET PORTÉ SUR LES LISTES DÉPARTEMENTALES

DOUZIÈME ÉDITION

Par l'école,
Pour la patrie.

PAUL BERT.

PARIS

Librairie d'Éducation nationale

A. PICARD ET KAAN, ÉDITEURS

11, RUE SOUFFLOT, 11

(Propriété réservée)

Résidence Générale
de la République Française   Hanoï 8 Août 1886
en Annam et au Tonkin

Cabinet
du
Résident Général

Mon cher éditeur,

Je vous enverrai par ce courrier les épreuves (8 placards) corrigées de notre petit livre. J'ai mis dessus bon à remettre en pages, parce qu'il n'y a pas d'images. Mais je n'ai plus besoin de la revoir personnellement, et vous pouvez considérer cela comme un bon à tirer.

Nous nous portons tous bien malgré la dure saison que nous venons de traverser, et

qu'avant même encore
ton mai le thème est
rivé à 20° j'ai résisté

. . . .

. . . .

. . . . L'hiver

a été, et au
lui le feu de fer
dans les cheminées ! C'est
admirable.

Cordialement votre

Paul Bert

Je n'ai plus du tout
d'Instruction civique

NOMENCLATURE

DES GRAVURES CONTENUES DANS L'OUVRAGE

AVIS DES ÉDITEURS

On ne saurait s'exagérer l'importance des leçons de choses. A dire vrai, les récentes réformes ont eu pour objet essentiel de donner aux élèves, au lieu de l'enseignement *verbal* pratiqué jusque-là, un enseignement *réel*, et de substituer les *leçons de choses* aux *leçons de mots*.

Cet enseignement, qui pourrait s'étendre à toutes les matières des programmes officiels, doit être donné de deux manières :

1° Dans des *leçons suivies, dogmatiques*, et où les notions essentielles sont présentées par l'Instituteur selon un ordre méthodique ;

2° Sous une forme plus libre, dans des *conversations et lectures*, où les notions déjà acquises seront rappelées et éclaircies par des applications.

Les lectures et leçons de choses que nous soumettons aujourd'hui à l'approbation de MM. les Instituteurs, sont précisément faites pour répondre à ce dernier objet.

Elles ont la forme d'un libre récit, où sont mis en scène des personnages capables d'intéresser les élèves ; les notions de *sciences physiques et naturelles, d'économie,* de *droit civil et public,* de *patriotisme,* etc., y sont amenées naturellement et mêlées à des aventures qui les mettent en relief et en rendent la lecture plus agréable.

Chaque lecture forme un ensemble relatif à un même sujet ; l'étendue en a été ramenée à des proportions convenables pour la classe. Chacune d'elles est suivie, selon notre règle invariable, de *questions* et *d'exercices* qui permettent au maître de s'assurer que l'élève a compris et retenu la substance de sa lecture.

ALCIDE PICARD ET KAAN

Fig. 1. — Toute la famille, très affairée, faisait les préparatifs du départ.

PREMIÈRE PARTIE

I (1)

En route

Ce matin-là, il régnait dans la maison un mouvement inaccoutumé[1]. Cinq heures venaient à peine de sonner, et déjà tout le monde était debout.

Mme Durand allait et venait, cherchant du linge, pliant des vêtements et faisant des paquets, qu'elle emballait dans une grande malle. Georges et André, très affairés, couraient à droite et à gauche, bousculant tout, riant, sautant et faisant mille folies. M. Durand lui-même, d'habitude si grave, avait l'air tout réjoui.

Décidément, quelque chose d'extraordinaire se préparait. — Eh ! oui, on allait faire un voyage ! et un voyage en chemin de fer encore, chose qui n'était jamais arrivée ni à Georges ni à André, malgré leur âge avancé ! Car notez bien que Georges avait

---

Explication des mots. — **1.** Qui n'a pas coutume de se faire.

eu sept ans au mois de mars, et André allait en avoir neuf dans deux jours ! C'étaient déjà de grands garçons, comme vous voyez, presque des hommes ; du moins le croyaient-ils.

D'ailleurs ils travaillaient très sérieusement ; ils apprenaient bien leurs leçons, et faisaient bien leurs devoirs. Car leur papa leur disait souvent que *les enfants qui travaillent bien à l'école servent la Patrie comme fait le soldat en se battant sur le champ de bataille.*

Fig. 2. — Georges et André travaillaient très sérieusement ; ils apprenaient bien leurs leçons et faisaient bien leurs devoirs.

Bref, cette année-là André avait gagné le prix d'honneur, et le petit Georges avait rapporté à sa maman trois prix et deux accessits. C'était bien gentil ; et voilà pourquoi leur papa avait voulu les récompenser en les emmenant tous deux à Rouen où ils devaient passer quelques jours chez l'oncle Jules.

La maman aussi était du voyage, et on devait partir de la gare[1] Saint-Lazare à huit heures. Mais que c'est long depuis cinq heures du matin jusqu'à huit, quand on va monter en chemin de fer ! Si le *train*[2] s'en allait sans nous, disait le petit Georges, c'est cela qui serait terrible ! Et si le cousin François n'arrivait pas à temps ! Car on emmenait aussi le cousin François.

Ce François était un grand garçon de presque dix ans, turbulent, très paresseux, et par conséquent très ignorant ; pas toujours extrêmement poli non plus. Mais il avait un bon cœur, de la franchise¹, et ne manquait pas d'intelligence. Ce n'était donc pas une mauvaise nature.

Ce malheureux garçon n'avait pas de mère pour

Fig. 3. — A huit heures, tout le monde, y compris le cousin François était installé en wagon.

lui donner de bons conseils. Aussi Mᵐᵉ Durand avait-elle appris à ses enfants qu'il fallait être doublement indulgent pour le pauvre orphelin, comme il faut que nous le soyons toujours pour ceux qui ont moins d'avantages que nous.

Enfin à huit heures tout le monde, y compris le cousin François, était installé en wagon. Plus de danger maintenant, on était sûr de partir.

EXERCICES ORAUX OU ÉCRITS

1. Raconter les préparatifs de départ de la famille Durand.

2. Dire pourquoi les enfants qui travaillent bien à l'école servent leur patrie.

3. Que devons-nous faire pour nos camarades moins heureux que nous ?

Explication des mots. — **1.** Sincérité avec laquelle on parle.

1.

II (2)

En chemin de fer

Juste comme le *train* allait se mettre en mouvement, un monsieur tout essoufflé[1] ouvrit brusquement la portière et monta.

Leçons de choses.

Fig. 4. — Les voitures qui forment les **trains** de chemin de fer sont des **wagons**. Il en existe plusieurs modèles. Ceux qui servent au transport des voyageurs sont construits comme l'indique la figure ci-dessus. Pour le transport des marchandises on emploie des wagons entièrement clos, à claire-voie[2] et enfin des plates-formes[3].

— Tiens ! fit-il en apercevant M. Durand, mais me voilà en pays de connaissance.

C'était M. Collin, le directeur de l'école de Georges et d'André, qui du reste furent enchantés de le voir, car, comme presque tous les bons élèves, ils aimaient leurs maîtres.

Après avoir causé un instant avec Mme Durand, M. Collin alla s'asseoir près de ses jeunes amis.

— Je voudrais savoir, dit-il d'un air grave, ce qu'étudie maître Georges dans le plafond ?

— Mais monsieur, je me demandais pourquoi on

Explication des mots. — LECTURES. **1.** Hors d'haleine. — LEÇONS DE CHOSES. **2.** Fermé par un grillage. — **3.** Sorte de plancher monté sur des roues.

nous a mis des *lampes*, puisqu'il fait grand jour.

— Ah! je me doutais bien qu'il y avait quelque *pourquoi* sous roche! Eh bien! mon enfant, on nous a mis des lampes parce que nous allons passer dans un *tunnel* tout à l'heure, où il fera bien noir.

— Pourquoi donc, monsieur, fera-t-il noir? et qu'est-ce que c'est qu'un tunnel?

— Un *tunnel*, mon petit ami, est un souterrain creusé à travers une colline ou une montagne pour laisser passer un *chemin de fer*, un *canal*,

Leçons de choses.

Fig. 5. — Un **tunnel** est un *souterrain* creusé à travers une colline ou une montagne pour laisser passer un chemin de fer, un canal ou une route.

ou même une simple *route*. Le mot *tunnel* veut dire en anglais *tuyau*, et de fait, c'est une sorte de tuyau, qui traverse une montagne.

— Mais cela doit être très long et très difficile de percer une *montagne*, dit André. Est-ce qu'on n'aurait pas plus tôt fait de passer par-dessus, quand ce n'est pas très très haut?

— Ah! certainement la *voie*[1] serait souvent construite plus rapidement et à meilleur marché, mais plus tard, quand il s'agirait d'y faire monter le train, il faudrait déployer une trop grande force. — Tu as souvent vu un cheval traînant une lourde voiture, n'est-ce pas? Tant que la route est plate, cela va bien, le cheval avance sans peine; mais

---

Explication des mots. — **1.** Dans les chemins de fer on appelle *voie* l'endroit réservé au passage des trains, la route tracée pour eux.

voilà une *montée*[1], il n'est plus de force, il faut aller chercher un autre cheval, deux chevaux quelquefois, cela dépend de la pente, car plus elle est rapide, plus il faut de chevaux, naturellement, c'est-à-dire, plus il faut de force. Eh bien! c'est la même chose pour le train, et cette force qu'il faudrait payer à chaque fois, coûterait bientôt beaucoup plus cher que le percement du tunnel.

Voilà pourquoi les *ingénieurs* qui dirigent les travaux des chemins de fer font en sorte, autant que possible, que la *voie* soit toujours bien plane, toujours au même niveau. Tu comprends?

— Oui, monsieur, je comprends; pour la montagne on perce un tunnel; mais quand on arrive dans un *creux*?

— Eh bien! quand on arrive dans un creux,

Leçons de choses.

Fig. 6. — PERFORATEUR. — Dans le percement des tunnels, on emploie le **perforateur** pour faire les trous de mine. Cet appareil mû par l'air comprimé ou par l'eau, fait tourner rapidement une barre de fer appelée *fleuret*, terminée par une bague d'acier garnie de diamants. Sous l'action de la pression et du mouvement de rotation,[2] le fleuret pénètre dans les roches les plus dures. On place dans les trous ainsi obtenus, une cartouche[3] de *dynamite* qui désagrège[4] les roches en éclatant.

Fig. 7. — Dans une montée le cheval n'est plus de force, il faut aller chercher un cheval de renfort, quelquefois deux.

Explication des mots. — LECTURES. **1.** Endroit d'une route ayant une forte pente. — LEÇONS DE CHOSES. **2.** Qui fait tourner. — **3.** Étui de carton ou de métal contenant une charge de dynamite. — **4.** Les disjoint, les sépare en morceaux.

comme tu dis, et que ce creux est considérable, quand c'est un véritable vallon qu'il faut franchir, on construit alors ce qu'on appelle un *viaduc* qui se compose tout simplement *d'une série de ponts* ou plutôt d'un seul pont très long, formé de beaucoup d'*arches*[1].

Leçons de choses.

Fig. 8. — Les ingénieurs des chemins de fer sont des hommes très instruits. Ils préparent les plans[2] des travaux et en surveillent l'exécution.

— Oh! mais voilà le tunnel qui vient, il commence à faire noir, s'écria le petit Georges en se frottant les mains, quel bonheur! nous allons être au milieu d'une montagne; c'est cela qui sera drôle.

—Hé! oui, il faut être oliment sage maintenant, lui dit son père, sans quoi l'Esprit de la montagne pourrait bien venir nous emporter chez lui, nous faire travailler dans ses forges, et alors adieu le soleil, nous ne

Leçons de choses.

Fig. 9. — Un viaduc est un *pont* très long, formé de beaucoup d'arches que l'on construit soit en maçonnerie, soit en fer pour permettre de franchir un vallon à une ligne de chemin de fer ou à une route.

le verrions plus jamais. Voilà qui serait épouvantable, n'est-ce pas, mon petit Georges.

— Mais non, papa, je sais bien que tu ris, parce que maman nous a dit qu'il n'y a pas d'es-

---

Explication des mots. — Lectures. **1.** Ouverture pratiquée entre deux piles d'un pont et qui livre passage à une rivière ou à une ligne de chemin de fer. — Leçons de choses. **2.** Représentation par le dessin de travaux à exécuter.

prits, ni de croquemitaines, ni de loups-garous, ni rien de pareil. Tout cela ce sont des histoires qu'on raconte aux petits enfants méchants pour leur faire peur, et les empêcher de pleurer.

— Et ta mère a parfaitement raison. Vois-tu, mon cher enfant, je plaisantais, car je savais bien que je parlais à un petit garçon trop raisonnable pour s'effrayer de pareilles niaiseries[1].

EXERCICES ORAUX OU ÉCRITS

1. Pourquoi les bons élèves aiment-ils leurs maîtres?
2. Dire dans quels cas les tunnels sont nécessaires.

Questions sur les leçons de choses.

Fig. 4. — Comment nomme-t-on les voitures employées par les chemins de fer pour le transport des voyageurs et des marchandises ? — Les wagons à voyageurs sont-ils construits de la même façon que les wagons à marchandises? — Dites les différents genres de wagons à marchandises. — **Fig. 5.** — Qu'est-ce qu'un tunnel? — Les tunnels sont-ils creusés spécialement pour livrer passage à une ligne de chemin de fer? — **Fig. 6.** — Comment perce-t-on les tunnels? — N'emploie-t-on pas outre les outils de terrassement ordinaires, pioches, pics, pelles, etc., un appareil spécial et quel est son nom? — Par quelle force le perforateur est-il mis en mouvement? — Comment s'appelle la barre de fer que l'on fait tourner rapidement? — Par quoi est-elle terminée? — Qu'est-ce que le mouvement de rotation? — Que fait le fleuret sous l'effort de la pression et du mouvement de rotation réunis? — Que place-t-on dans les trous ainsi obtenus? — La dynamite étant une matière d'une grande force explosible, quelle action produit-elle sur les roches en éclatant? — Les roches étant désagrégées est-il facile de les déblayer ensuite par les moyens ordinaires? — **Fig. 8.** — Que font les ingénieurs des chemins de fer? — **Fig. 9.** — Qu'est-ce qu'un viaduc? — Les viaducs ont ils beaucoup d'arches? — Ne sont-ils employés que pour les chemins de fer?

Explication des mots. — **1.** Sottise, histoire simple et peu intelligente.

III (3)

Le gaz. — La houille.

— Par exemple, il n'est pas de première qualité le gaz, s'écria François; je ne vois pas seulement clair pour rattacher mes bottines.

— Je te ferai remarquer, François, que ce n'est pas du gaz qui nous éclaire, mais du *pétrole*.

— Oh! çà se peut bien, mon oncle; mais alors le pétrole n'éclaire pas beaucoup, voilà tout.

— Avec quoi fait-on du *pétrole?* demanda André.

— On ne le fait pas, mon fils. C'est une huile qu'on trouve dans de grands réservoirs naturels, sous la terre. Le pétrole nous vient surtout d'Amérique. Il y en a aussi en France, dans le département de l'Hérault.

Leçons de choses.

Fig. 10 — Les wagons sont éclairés par des lampes à *pétrole*, à *huile de colza*[2] et quelquefois au *gaz*. Avant le départ du train, des hommes montent sur la toiture des wagons et allument les lampes.

— Et maintenant, à nous deux, dit M. Collin en regardant Georges, je suis bien sûr que mon petit savant va me dire tout de suite avec quoi on fait le *gaz?*

— Oh! oui, monsieur, répondit Georges tout fier; je suis allé à l'usine de la Villette[1], dimanche dernier, et je sais bien. On le fait avec du *charbon de*

Explication des mots. — LECTURES. **1.** L'usine à gaz la plus importante de Paris. — LEÇONS DE CHOSES. **2.** Variété de chou champêtre dont les graines donnent une huile bonne à brûler.

terre et quand on a ôté le gaz du charbon, il reste encore du *coke*[1].

— Très bien, dit M. Collin, très bien ; et maintenant qu'est-ce qui peut me dire ce que c'est que ce charbon de terre, que cette *houille* dont on extrait le gaz?

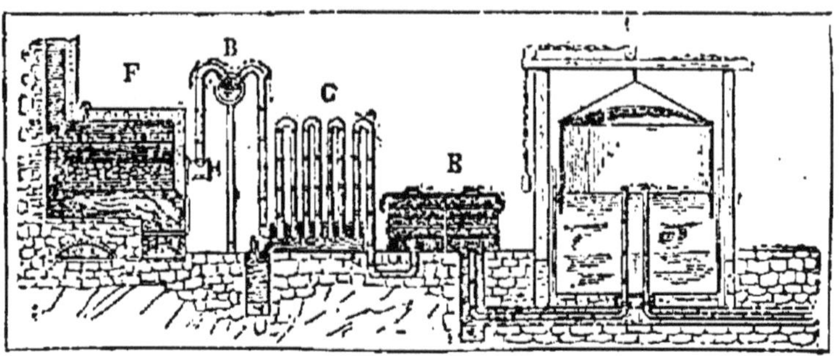

Leçons de choses.

Fig. 11. — Fabrication du gaz d'éclairage. — La **houille** est mise dans des cylindres de fonte ou de terre réfractaire[2] appelés *cornues*, placés dans le *four* (**F**.) Sous l'action de la chaleur le **gaz** se dégage, sort de la cornue et monte par un tuyau au *barillet* (**B**) où il se débarrasse du goudron[3] qu'il contient ; il passe ensuite dans le *condenseur* (**C**) constamment rafraîchi par un filet d'eau froide, puis dans l'*épurateur* (**E**) qui contient de la chaux éteinte[4]; il achève de s'y purifier et pénètre dans le *gazomètre* (**G**) vaste réservoir en tôle, en forme de cloche et plongeant dans l'eau, d'où il se répand enfin par des tuyaux souterrains, dans les maisons et dans les rues pour les éclairer ou les chauffer.

— Moi, dit encore le petit Georges vivement; ce sont de grosses pierres noires qu'on trouve dans la terre.

— Eh bien! mes enfants, ces grosses pierres noires ne sont autre chose que des plantes. Voilà qui est étonnant, n'est-ce pas? Vous ne vous doutiez pas de cela, je suis sûr?

— Oh! bien non, par exemple; voilà qui est trop fort, s'écria François; de gros morceaux de

Leçons de choses.

Fig. 12. La houille. — La houille est extraite des entrailles de la terre par les *mineurs*. Les mines de houille s'appellent des **houillères**. La fig. 1 montre un *mineur*, dans une galerie, il est en costume de travail, son pic sur l'épaule, sa lampe de sûreté à la main. Les parois et le plafond de la galerie sont soutenus par des pièces de bois ; ces pièces de bois constituent le *boisage* qui a pour but d'empêcher les éboulements. — Les principaux outils du mineur consistent en pelles et en différentes formes de pioches : *pics, rivelaines*, etc. (fig. **2**.) — L'éclairage ne se fait dans les chantiers d'extraction, qu'au moyen de la lampe de sûreté (fig. **3**.) inventée par **Davy** ; avec elle les explosions de grisou ne sont pas à craindre. — La fig. **4**. représente l'orifice d'un puits d'extraction; les bâtiments qui l'entourent contiennent : les pompes qui envoient de l'air dans les galeries du fond, ou qui servent à épuiser les eaux d'infiltration, la machine qui fait monter et descendre les cages, les hangars pour le criblage du charbon etc. — La fig. **5** vous montre le puits ; des mineurs occupent la *cage*, ils descendent prendre leur travail, la cage remontera pleine de charbon. — La fig. **6**. vous fait voir un chantier au fond d'une galerie, deux mineurs abattent le charbon, un troisième en emplit un petit wagonnet nommé *benne* qui sera roulé jusqu'à la cage et remonté à la surface du sol. — Le grisou est un gaz explosible et asphyxiant qui se dégage des couches de houille ; la flamme la plus légère l'enflamme, il se produit alors des explosions terribles, qui broyent, brûlent, ensevelissent sous les éboulements les malheureux ouvriers qui ont eu l'imprudence de les provoquer, (fig. **7**.) car avec la lampe de sûreté ces accidents sont impossibles.

charbon de terre, noirs, sales et lourds. Mais, qu'est-ce qui le dit, que ce sont des plantes?

— On le sait par les restes de plantes qu'on y rencontre. Sur certains morceaux, on voit très bien l'empreinte[1] de feuilles. On a trouvé dans les mines de houille des troncs d'arbre, des branches avec des fruits et des graines. Oh! les savants ont bien étudié la question, et vous pouvez les croire sur parole.

— Oui, monsieur, mais comment toutes ces plantes sont-elles devenues de la *houille?* demanda André; elles n'étaient pas toujours comme cela.

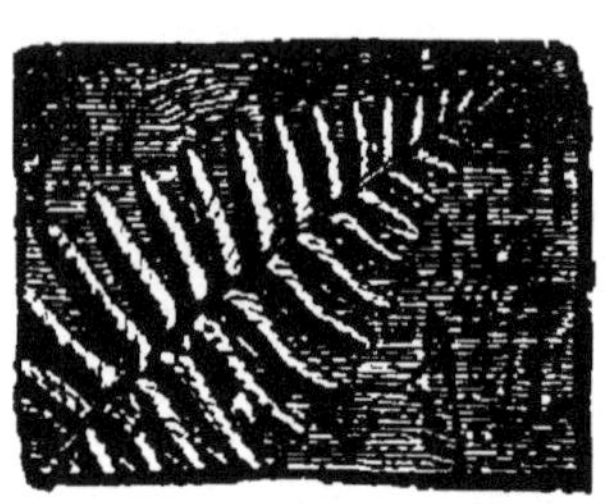

Fig. 13. — Empreinte de feuille dans la houille.

— Ah! voilà qui serait peut-être un peu difficile à vous faire comprendre encore. Plus tard, quand vous serez grands garçons, et que nous ferons de la *géologie*[2], on vous expliquera tout cela; en attendant, rappelez-vous que ces gros morceaux de houille noirs et sales, sont bien véritablement composés de *végétaux*[3].

— Il y a des mines de charbon de terre en France, n'est-ce pas? demanda l'enfant.

— Oui, on trouve de la houille dans plusieurs départements : dans le Nord, le Pas-de-Calais, le Maine-et-Loire, la Nièvre, la Loire, l'Aveyron, le

---

Explication des mots. — 1. La reproduction marquée en creux. — 2 Science qui a pour objet l'étude des différents terrains — 3. Plantes.

Gard. Mais c'est l'Angleterre qui a la palme pour la houille, car à elle toute seule elle extrait de son sol la moitié de ce que produit le monde entier.

— C'est très bien de sa part, dit François. Mais à présent, que nous voilà sortis de ce bienheureux tunnel, je m'en vais regarder par la fenêtre. Viens-tu? André.

— Mais bien sûr il vient, et puis moi aussi, fit le petit Georges, en grimpant lestement sur la banquette, où il s'agenouilla pour mieux voir.

EXERCICES ORAUX OU ÉCRITS

1. Dire ce que c'est que le pétrole. — Où le trouve-t-on?
2. Y a-t-il du pétrole en France?
3. Avec quoi se fait le gaz d'éclairage? — Qu'est-ce que le coke?
4. A quoi reconnait-on que la houille est composée de restes de plantes?
5. Dire les noms des départements français qui possèdent des mines de houille.
6. Quel est le pays qui extrait le plus de houille?

Questions sur les leçons de choses.

Fig. 10. — Les wagons sont-ils éclairés ? — Que brûle-t-on dans les lampes ? — Le gaz n'est-il pas aussi employé ? — Comment allume-t-on les lampes ? — **Fig. 11.** — Avec quoi le gaz d'éclairage est-il fabriqué ? — Quel nom portent les cylindres que l'on emplit de houille ? — Où les place-t-on ? — Que se dégage-t-il sous l'action de la chaleur ? — Où monte le gaz en sortant de la cornue ? — Quelle est l'utilité du barillet ? — Où passe-t-il ensuite ? — Le condenseur n'est-il pas continuellement rafraîchi ? — Que contient l'épurateur ? — Quelle action la chaux éteinte a-t-elle sur le gaz ? — Comment s'appelle le réservoir où vient s'emmagasiner le gaz ? — Décrivez la forme et la construction du gazomètre. — Ne plonge-t-il pas dans l'eau ? — Quelle est l'utilité du gaz et à quoi l'emploie-t-on surtout ? — **Fig 12.** — D'où tire-t-on la houille ? — Quel nom portent les ouvriers qui travaillent dans les mines de houille ? — Comment appelle-t-on les mines de houille ? — Qu'est-ce que le boisage et pourquoi le fait-on ? — Dites quels sont les principaux outils des mineurs. — Comment s'éclairent les mineurs dans les mines ? — Dites le nom de l'inventeur de la lampe de sûreté. — Quel avantage offre-t-elle ? — Que renferment les bâtiments qui entourent un puits d'extraction ? — Comment les mineurs descendent-ils dans les puits et comment en sort-on le charbon ? — Décrivez un chantier d'extraction. — Quel nom porte le petit wagonnet qui sert à transporter la houille ? — Qu'est-ce que le grisou ? — D'où se dégage-t-il ? — Quels effets produit-il lorsqu'il s'enflamme ? — Peut-on craindre le grisou lorsqu'on ne s'éclaire qu'avec des lampes de sûreté en bon état ?

IV (4)

La vapeur. — La locomotive.

Et tous les trois, la figure collée contre les vitres, regardaient défiler d'abord les rues, puis les jolies maisonnettes entourées de jardins, puis enfin les champs, les arbres et les belles prairies parsemées[1] de blanches marguerites. On laissait le grand Paris bien loin derrière soi. Il semblait qu'on volait, tant on allait vite ; toutes ces choses passaient, c'était comme un rêve.

Maître Georges était devenu tout sérieux. Évidemment, depuis un moment, quelque grave problème s'agitait dans sa petite tête de sept ans.

— Qu'est-ce qui fait donc marcher le train ? demanda-t-il enfin à son père.

— C'est la *vapeur* qui fait marcher le train, mon enfant.

— La vapeur ?

Oui, tu as quelquefois vu ta mère mettre chauffer de l'eau dans une marmite ou dans une bouillotte, n'est-ce pas ? et tu as probablement remarqué que quand l'eau commence à bouillir, le couvercle s'agite et se soulève.

— Ah ! oui, j'ai vu cela bien souvent, et j'ai pesé

Explication des mots. — 1. Semées çà et là.

dessus avec les pincettes pour empêcher le couvercle de se soulever; mais il se soulevait tout de même.

— Eh bien, quand une marmite est près du feu et que l'eau commence à bouillir, le couvercle se soulève parce qu'il est poussé par la *vapeur* qui veut s'en aller, et elle est terriblement forte cette vapeur d'eau bouillante! Maintenant, écoutez bien, vous autres grands garçons. Si on avait bien bouché la marmite, comme Georges essayait de le faire, si on avait soudé¹ le couvercle, de façon à empêcher la vapeur de sortir, elle aurait pris plus de force encore, et aurait fini très certainement par faire éclater notre pau-

Leçons de choses.

Fig. 14. — Lorsque de l'eau est en ébullition dans une marmite, la vapeur qui s'en dégage a tellement de force que le couvercle se soulève quand même on appuie dessus.

vre marmite, car plus on chauffe l'eau en renfermant la vapeur, plus cette vapeur prend de force.

Et voilà justement ce que l'on fait dans les *machines à vapeur*. On fait bouillir de l'eau dans de *grandes chaudières* bien solides et parfaitement closes², où elle se transforme en vapeur d'une force prodigieuse. On se sert alors de la *force* de cette vapeur pour faire marcher des bateaux, pour soulever des poids, pour faire tourner des roues, ainsi de suite.

Tenez, voilà notre train qui s'arrête; regardez un peu cette *locomotive* qui manœuvre là, en face,

---

Explication des mots. — 1. Joint le couvercle à la marmite au moyen de soudure. — 2. Fermées.

traînant après elle tous ces *wagons* chargés de
bœufs, de charbon, de pierres et de ballots[1] de

Leçons de choses.

Fig. 15. — LOCOMOTIVE ET SON TENDER. — Ce type de locomotive (système Crampton), n'est employé que pour la traction[2] des trains de voyageurs à grande vitesse.

Le **tender** est une annexe de la locomotive et forme pour ainsi dire corps avec elle ; il sert à loger la provision d'eau et de charbon nécessaire à l'alimentation de la machine.

toute sorte. Voyez comme elle les fait marcher
sans avoir l'air de faire d'efforts.

Leçons de choses.

Fig. 16. — Les locomotives sont conduites par un **mécanicien** qui dirige la marche et par un **chauffeur** qui entretient le feu de la machine.

— Mais oui ; je pense bien qu'elle est forte la vapeur, car il en faudrait des chevaux pour tirer tout cela, dit André ! — Mais qu'est-ce que c'est que cette grande chose qui va et vient devant les roues? A quoi cela sert-il?

— Cette grande chose s'appelle la *bielle*. C'est
elle qui fait tourner les roues de la locomotive.

— Et qu'est-ce qui la pousse comme cela à droite
et à gauche tout le temps?

Explication des mots. — LECTURES. **1.** Balle, marchandise enveloppée dans de la toile. — LEÇONS DE CHOSES. **2.** Tirer, traîner.

— Elle est poussée par le *piston*, qui est tout simplement un morceau de fer, renfermé dans ce tuyau que tu vois là-bas à droite, et maintenant tu pourrais peut-être me dire toi-même ce qui pousse le piston?

— C'est probablement la vapeur, père.

— Parfaitement, c'est la *vapeur* qui lui arrive tantôt d'un côté, tantôt de l'autre. Ainsi la vapeur pousse le *piston*, le piston pousse la *bielle*, et la bielle fait tourner les *roues*.

— Je comprends bien, mon oncle, mais c'est égal, il y a quelque chose qui me gêne dans cette histoire-là, fit François avec son petit air cavalier. Si par

Leçons de choses.

Fig. 17. — LOCOMOTIVE (COUPE). — Les locomotives sont mues par la *vapeur*. Le feu est placé dans le *foyer* (F) les gaz produits par la combustion¹ pénètrent dans les tubes de la *chaudière* (C) chauffent l'eau qui y est contenue et donnent de la vapeur qui se rend dans le *cylindre* (CY) là, au moyen d'un organe appelé *tiroir*, elle agit sur le *piston* (P) tantôt par devant, tantôt par derrière et lui fait exécuter un mouvement de va et vient. La *bielle* qui est articulée à la tige du piston est fixée par son autre extrémité à la *roue motrice* (B) qu'elle fait tourner sous l'impulsion du piston. La *soupape de sûreté* (S) occupe le dôme placé au-dessus du foyer, elle est destinée à laisser échapper la vapeur quand la pression devient trop forte; on évite ainsi les explosions. La fumée et la vapeur sortent par la *cheminée* (T).

hasard il y avait trop de vapeur dans la chaudière, que cela pousse trop fort, toute la machine éclaterait, et ce ne serait pas drôle, çà pourrait très bien tuer du monde?

— On a songé à cela, maître François. Aussi toutes les chaudières ont une petite ouverture fermée par une pièce mobile, par où on laisse échap-

Explication des mots. — LEÇONS DE CHOSES. 1. Par le feu, le charbon qui brûle.

per la vapeur quand elle devient trop forte. C'est ce qu'on appelle une *soupape de sûreté.*

— Ah ! tant mieux ! Me voilà tranquille à présent. Je me disais aussi : si notre locomotive éclatait avant d'arriver à Rouen, cela serait bien ennuyeux !

— Je te crois que ça serait ennuyeux, fit Georges, gravement. Ma tante qui nous attend pour déjeuner ! si nous arrivions tués, ça ne lui ferait pas plaisir, va !

EXERCICES ORAUX OU ÉCRITS

1. Dire ce qui fait marcher un train de chemin de fer.
2. Par quoi est soulevé le couvercle d'une marmite contenant de l'eau bouillante ?
3. Que fait-on dans les machines à vapeur ?
4. Qu'est-ce qu'une locomotive ?
5. Que fait tourner la bielle ?
6. Qu'est-ce que le piston ?
7. Que pousse-t-il ?
8. Comment la vapeur fait-elle fonctionner le piston ?
9. Qu'est-ce que la soupape de sûreté ?

Questions sur les leçons de choses.

Fig. 14. — Que se dégage-t-il de l'eau en ébullition ? — La vapeur a-t-elle beaucoup de force ? — **Fig. 15.** — Qu'est-ce qu'une locomotive ? — Emploie-t-on les locomotives système Crampton pour la traction des trains de marchandises ? — Qu'est-ce que le tender ? — Est-il indépendant de la locomotive ? — A quoi sert-il ? — **Fig. 16** — Par qui sont conduites les locomotives ? — Quelles sont les fonctions du mécanicien ? — Du chauffeur ? — **Fig. 17.** — Par quoi sont mues les locomotives ? — Où place-t-on le feu ? — Que se passe-t-il dans la chaudière sous l'action de la chaleur ? — Où la vapeur se rend-elle ? — Qu'est-ce que le cylindre ? — A quoi sert le tiroir ? — Quel mouvement exécute le piston sous la pression de la vapeur ? — Sur quelle pièce la bielle s'articule-t-elle ? — Où son autre extrémité est-elle fixée ? — La bielle ne fait-elle pas faire un demi-tour à la roue motrice à chaque coup de piston ? — Décrivez à votre manière et d'après ce qui précède le fonctionnement d'une locomotive. — Où la soupape de sûreté est-elle placée? — A quoi est-elle utile? — l'ar où s'échappent la vapeur et la fumée?

V (5)

L'Officier

Heureusement la vue d'un officier en grand uni-forme, qui passait juste à ce moment, dissipa comme par enchantement les idées sinistres[1] de nos jeunes voyageurs.

Fig. 18. — Un officier en grand uniforme passait juste à ce moment.

— Est-il beau ce soldat, dit Georges en se penchant. Regarde donc André, cela doit être un *général*, car il en a, des galons! Et son sabre, est-il joli? Par exemple, ajouta-t-il rouge d'émotion, il ne trouve pas de place là-bas et le voilà qui vient par ici. S'il voulait seulement monter près de nous !

L'enfant parlait encore lorsque l'officier en question, se hissant sur le marchepied, regarda dans le wagon.

— Voilà mon affaire, fit-il, je vois que vous avez encore de la place.

Puis, à la grande joie des enfants, il se mit en devoir de monter.

Dès lors, adieu les vertes prairies et les belles collines, elles avaient perdu leur charme. Car rien de plus amusant a regarder qu'un officier avec

---

Explication des mots. — **1.** Idées tristes qui naissent de mauvais pressentiments.

ses beaux galons dorés, sa grande moustache et sa décoration sur la poitrine!

Le petit Georges n'avait d'yeux que pour lui. Décidément il se dépêchera de grandir pour se faire soldat. Et puis, lui aussi aura un bel uniforme[1], un sabre, et tous les petits garçons le regarderont. C'est bien dommage qu'on ne puisse pas devenir grand tout d'un coup; du moins tel est l'avis de maître Georges.

Fig. 19. — Georges se dépêchera de grandir pour se faire soldat et tous les petits garçons admireront son bel uniforme.

Le militaire ne pouvait s'empêcher de remarquer l'admiration qu'il excitait; cela l'amusait même un peu.

— Voilà un jeune homme qui voudrait bien être soldat, je suis sûr, dit-il à l'enfant.

— Oui, monsieur.

— Pour avoir un bel uniforme comme le mien, n'est-ce pas?

— Et puis pour battre les Prussiens, ajouta André entre ses dents.

— Ah! tu n'aimes donc pas les Prussiens, fit l'officier en se retournant vivement pour regarder l'enfant?

— Non, monsieur.

— Vous ne savez donc pas que les Prussiens nous ont pris l'Alsace et la Lorraine? demanda Georges d'un petit air très étonné. Mais quand nous serons grands, André et moi, nous serons soldats et nous irons les battre, et puis nous reprendrons ce qu'on nous a pris.

Explication des mots. — 1. Vêtement, costume militaire.

L'officier ne souriait plus; il était devenu tout grave et regardait l'enfant d'un air étrange[1].

Puis s'adressant à Georges, il lui demanda au bout d'un moment : André est ton frère?

—. Oui, monsieur, fit l'enfant. Et voici papa et voici maman, et voici M. Collin, notre instituteur; et celui-là, c'est le cousin François; et puis moi, je m'appelle Georges Durand.

Cette présentation fit rire tout le monde, si bien que maître Georges, très confus[2], devint tout rouge et alla se réfugier près de sa mère.

Leçons de choses.

Fig. 20. — L'Alsace et la Lorraine, deux de nos plus belles provinces, nous ont été enlevées par les Prussiens en 1871. Le vœu le plus cher de tout cœur vraiment français est de rentrer en possession des provinces perdues.

— Est-il bavard, mon fils, fit-elle en passant sa main sur la petite tête blonde. Je vous demande pardon pour lui, ajouta-t-elle en s'adressant à l'officier.

— Oh! madame, j'ai moi-même un petit garçon que je n'ai pas vu depuis six semaines, et qui est très bavard aussi, et je suis sûr que, si M. Georges voulait revenir près de moi, nous serions bientôt bons amis.

En effet, au bout de deux minutes M. Georges, qui ne demandait pas mieux, était en grande con-

---

Explication des mots. — **1.** Particulier, pas ordinaire — **2.** D'un air embarrassé, timidement.

versation avec son nouvel ami. Ayant décidé qu'il serait militaire, il voulait naturellement se renseigner sur quantité de choses.

— Si je me faisais soldat, est-ce que je pourrais devenir commandant[1] comme vous? demanda-t-il.

— Certainement, mon enfant, n'importe qui peut devenir *commandant, général* même, aujourd'hui, à condition d'avoir bien travaillé à l'école et de se conduire comme il faut au régiment.

Mais ton grand frère André sait qu'il n'en a pas toujours été ainsi, et qu'autrefois, avant notre grande Révolution de 1789, il n'y avait que les *nobles* qui pussent être généraux. Les fils de paysans et d'ouvriers restaient simples soldats ou s'ils arrivaient à être officiers ils ne dépassaient guère le grade de lieutenant, si braves et si intelligents qu'ils fussent!

— Ce n'était donc pas parce qu'ils ne savaient pas se battre qu'on ne voulait pas d'eux pour commander?

— Non vraiment, car ils se battaient au moins aussi bien que les nobles, et même plus d'une fois on a vu les simples soldats donner le bon exemple aux nobles officiers.

— N'est-ce pas, monsieur, qu'avant la République, les riches n'étaient pas obligés d'aller à la guerre quand ils n'en avaient pas envie? dit André, qui, dans son coin, venait d'avoir une discussion un peu chaude à ce propos avec le cousin François.

Explication des mots.—**1**.Officier qui commande un bataillon dans l'infanterie, un escadron dans la cavalerie.

— Non, mon enfant ; jusqu'en 1872 les riches pouvaient s'acheter des *remplaçants*, c'est-à-dire des hommes qui les remplaçaient à l'armée ; qui allaient se battre et souvent se faire tuer à leur place.

— Voilà qui n'était pas brave, s'écria François indigné. Jamais je n'aurais fait cela par exemple, envoyer un pauvre diable se faire tuer à ma place ; mais aujourd'hui, il n'y a plus de *remplaçants*, n'est-ce pas ?

— Non, heureusement ; la Loi ne veut plus qu'on fasse le vilain métier de *marchand d'hommes ;* et maintenant tous les jeunes gens de vingt ans, riches

Leçons de choses.

Fig. 21. — Le tirage au sort. — Depuis la loi de 1872 tous les jeunes Français sans exception, tirent au sort. Selon le numéro qu'ils amènent, ils servent ou cinq ans, ou un an.

ou pauvres, nobles ou paysans, sont appelés à servir la Patrie sous les drapeaux.

— Eh bien ! voilà qui est juste au moins, dit François, je comprends cela ; mais cette histoire de remplaçants, franchement, c'est par trop fort !

EXERCICES ORAUX OU ÉCRITS

1. Pourquoi Georges voulait-il être soldat ?
2. Que faut-il faire, aujourd'hui, pour devenir commandant ? général ?
3. En a-t-il toujours été ainsi ?
4. Avant 1789 les fils de paysans et d'ouvriers pouvaient-ils être officiers ?
5. Avant la République, les riches pouvaient-ils se dispenser d'aller à la guerre ?

6. Qu'est-ce qu'un remplaçant?

7. Depuis quelle année le métier de marchand d'hommes est-il défendu par la loi?

8. Les riches et les pauvres sont-ils tous soldats aujourd'hui?

Questions sur les leçons de choses.

Fig. 20. — Par qui l'Alsace et la Lorraine nous ont-elles été enlevées? — En quelle année? — Que doit souhaiter tout bon Français? — Par quels départements ces deux provinces étaient-elles formées? — Sont-elles à l'est ou à l'ouest de la France? — Dites le nom de la rivière qui passe à Strasbourg. — Quelle rivière traverse Metz? — En regardant la carte, dites le nom des villes principales de l'Alsace et de la Lorraine. **Fig. 21.** — Qu'est-ce que le tirage au sort ? — Tous les jeunes Français y sont-ils astreints? — Même les infirmes? — De quelle année date la loi militaire actuellement en vigueur? — Quelle est la durée du service militaire? — Tous les conscrits font-ils cinq ans de service?

VI (6)

Le verre.

— Mais écoute donc André, s'écria Georges en passant soudainement à une autre idée, je parie que nous avons oublié à la maison les jolis petits verres pour la cousine Berthe.

— C'est vrai, répondit son frère d'un air consterné[1]; ils sont dans mon placard[2]; quel dommage!

C'était en effet un oubli très grave, les enfants les avaient achetés avec leur propre argent, et presque toute leur petite bourse y avait passé. Les *tirelires*[3] étaient bien vides maintenant, il n'y restait plus que deux ou trois sous. Ils avaient voulu faire une surprise à la petite cousine, et vous pensez s'ils avaient le cœur gros de l'avoir oubliée. André était bien triste, mais, comme

---

Explication des mots. — **1.** Abattu, épouvanté. — **2.** Armoire creusée dans la muraille. — **3.** Petit vase en poterie, une fente pratiquée à sa partie supérieure permet d'y introduire des pièces de monnaie que l'on ne peut en faire sortir qu'en brisant la tirelire.

c'était un grand garçon de neuf ans, il voulut être
brave et ne pas trop montrer son chagrin ; quant
au pauvre petit Georges, le futur général, il se
mit à pleurer.

Heureusement les mamans pensent à tout, et
Mme Durand n'avait pas oublié les petits verres de
ses enfants. Ils étaient
bien   douillettement [1]
empaquetés [2] le plus gen-
timent   du   monde au
fond de la grande malle.
Aussi les larmes de
Georges   furent - elles
bientôt séchées, et sa
langue se remit-elle à
marcher avec une ar-

Fig. 22. — Avec leurs petites écono-
nomies, André et Georges avaient acheté, pour leur petite cousine Bertho, un
joli service à liqueur.

deur extraordinaire, pour raconter les beautés de
ses verres merveilleux et pour jeter des *pourquoi*
et des *comment* à tort et à travers, car c'était
un petit garçon bien curieux que Georges : il voulait
toujours tout savoir.

Il voulait absolument savoir par exemple avec
quoi on avait fait ses petits verres, et comme André
ne pouvait pas le lui dire, il alla s'installer près de
M. Collin, pour lui demander des explications.

— Monsieur, avec quoi fait-on le verre, s'il vous
plaît, demanda-t-il doucement ; André ne sait
pas.

— Vraiment, ton grand frère ne sait pas avec
quoi on fait le verre ? Eh bien ! je vais vous le dire

---

tout de suite, parce que vous ne le devineriez jamais : on fait le *verre* avec du *sable*[1].

— Oh! monsieur, vous dites cela pour rire, n'est-ce pas? Faire du verre avec du sable, mais ce n'est pas possible.

— Si fait, mon enfant, c'est tellement possible, que le verre n'est pas autre chose que du sable fondu avec de la *potasse*.

— Et qu'est-ce que c'est la *potasse*?

— La *potasse* est une substance[2] qu'on retire des cendres de bois. On la mélange avec du sable, puis on met le tout dans un four[3] très chaud, et lorsque ce mélange est fondu, nous avons notre verre.

Leçons de choses.

Fig 23. — FABRICATION DU VERRE. — Le verre était connu dès la plus haute antiquité. On le fabrique en faisant fondre à une haute température dans des *creusets*[4] placés dans des **fours** d'une construction spéciale, du *sable* et de la *potasse* ou de la *soude*. Les verres de couleurs sont obtenus en ajoutant des *oxydes métalliques* au verre blanc. Le principal outil employé dans les verreries est la *canne de verrier*, tube de fer de 1ᵐ50 de long. La figure ci-dessus représente des ouvriers verriers au travail. Ils sont devant le four; l'un d'eux *cueille* avec sa *canne* dans le creuset, par l'ouverture circulaire appelée *ouvreau*, la quantité de verre en *fusion*[5] qui lui est nécessaire. Ses compagnons façonnent le verre en soufflant dans leur canne et en la balançant ils lui donnent ainsi différentes formes.

— Mais alors ce n'est pas difficile. Nous pourrons en faire avec André, si maman le veut bien. Nous prendrons du sable, papa nous achètera un peu de potasse si ce n'est pas trop cher, nous les ferons fondre et nous aurons du verre, ce sera gentil.

Explication des mots. — LECTURES. **1.** Substance en menus morceaux provenant de la désagrégation des roches par l'eau. — **2.** Matière dont un corps est formé. — **3.** Construction en briques dans laquelle on fait du feu. — LEÇONS DE CHOSES. **4.** Pots en terre réfractaire. — **5.** Fondu.

— Ce n'est pas tout-à-fait aussi facile que cela, mon enfant. D'abord, on ne fait pas du verre avec tous les sables ; il faut un sable très pur, qu'on ne trouve pas partout, puis ensuite, et surtout il faudrait pour fondre le mélange beaucoup plus de chaleur que vous n'en pourriez obtenir chez vous.

— C'est dommage, parce que souvent nous faisons des expériences[1] avec André, nous avons fait de la pluie à la maison, et du sel, et beaucoup d'autres choses.

EXERCICES ORAUX OU ÉCRITS

1. Avec quoi fait-on le verre ?
2. Qu'est-ce que la potasse ?
3. Comment fait-on le verre ?
4. Peut-on faire du verre avec n'importe quel sable ?
5. Une forte chaleur est-elle nécessaire pour fondre le verre ?

Questions sur les leçons de choses.

Fig. 23. — Le verre est-il connu depuis peu de temps ? — Comment le fabrique-t-on ? — Faut-il une forte chaleur ? — Quelles sont les matières les plus employées ? — Dans quoi les met-on pour les placer dans les fours ? — Ces fours ne sont-ils pas construits d'une façon spéciale ? — Comment obtient-on les verres de couleurs ? — Quel est le nom de l'outil le plus employé par les ouvriers verriers ? — Que représente la figure 23 ? — Quel nom porte l'ouverture circulaire pratiquée dans le four et qui permet de prendre le verre dans les creusets au moyen de la canne ? — Dites comment les ouvriers s'y prennent pour façonner le verre. — D'après tout ce qui précède et après avoir examiné la gravure décrivez à votre manière la fabrication du verre.

VII (7)

La pluie

— Vraiment, vous faites de la pluie ? Raconte-moi un peu cela, c'est très utile de savoir *faire*

Explication des mots. — **1.** Éprouver une chose, essayer si elle réussit.

de la pluie. Je suis bien sûr que toutes ces pauvres plantes, qui ont soif et qui baissent la tête là-bas, seraient très contentes que tu leur fisses visite avec un peu de ta pluie.

Leçons de choses.
Fig. 24. — Quand une plante puise dans le sol et dans l'air la quantité *d'humidité* qui lui est nécessaire, elle est vigoureuse, son feuillage est vert et frais, ses fleurs éclatantes; mais que par suite de *sécheresse* cette humidité bienfaisante vienne à lui manquer, elle dépérit; ses fleurs se flétrissent, ses feuilles se dessèchent, la plante entière s'affaisse et ne tarde pas à mourir.

— Oh! monsieur, nous n'en avons pas fait beaucoup; quelques gouttes seulement, et nous l'appelons pluie pour nous amuser, parce que André dit que c'est tout de même comme cela que se fait la vraie pluie. Nous avons mis de l'eau sur le feu dans une casserole, puis quand l'eau était bouillante, nous avons ôté le couvercle; il sortait beaucoup de buée[1]; alors nous avons tenu une assiette froide au-dessus, et tout de suite elle s'est couverte de petites gouttes d'eau, c'était notre pluie.

— Alors, André t'a expliqué que c'était comme cela pour la vraie pluie. Je serais bien aise maintenant qu'il me l'expliquât à moi aussi. Voyons, monsieur le professeur, comment t'y prendras-tu?

Leçons de choses.
Fig. 25. — Lorsqu'on place au-dessus d'un vase contenant de l'eau en *ébullition* un corps *froid* tel qu'une assiette ou une plaque de verre, la vapeur refroidie par son contact, se *condense*, à sa surface, sous la forme de petites *gouttelettes.*

Explication des mots. — **1.** Vapeur humide.

— Mais monsieur, fit André en rougissant, vous nous aviez dit en classe que le *soleil* chauffe l'eau de la mer, et qu'il se fait de la vapeur qui monte dans l'air, où elle se refroidit un peu ; alors elle épaissit et devient un *nuage;* puis, quand elle rencontre quelque chose qui la refroidit plus encore, un *vent froid*, par exemple, elle devient de l'*eau* tout à fait et retombe sur la terre.

— Très bien, mon enfant, alors l'eau de la casserole était la mer ?

— Oui, monsieur, l'*eau* était la mer, le *feu* c'était le soleil, l'*assiette* était le vent froid, la *buée* le nuage, et les *gouttes d'eau* c'était la pluie.

— Parfaitement tout y est, voilà un vrai petit cours de météorologie.

— *Météorologie*, répéta l'enfant lentement, qu'est-ce que c'est que cela, monsieur ?

— Ah ! voilà un grand mot qui a l'air très savant, n'est-ce pas, mais qui n'est pas difficile à comprendre. La météorologie est tout simplement la *science*[1] qui s'occupe de ce qui se passe dans l'air, dans l'atmosphère[2], qui nous fait étudier par exemple la pluie, la neige, le vent, le tonnerre, les trombes, et ainsi de suite. Toutes ces choses là s'appellent des *météores* en langue savante, et voilà d'où vient le mot *météorologie* qui veut dire science des *météores*.

Et maintenant, passons à d'autres expériences, messieurs les professeurs, puisque vous avez la bonne habitude d'en faire. Allons, à ton tour, jeune

---

Explication des mots. — **1.** Connaissance que l'on a d'une chose. — **2.** Couche de corps gazeux qui entoure de toutes parts le globe terrestre.

homme, fit M. Collin en soulevant Georges pour le faire asseoir sur ses genoux, raconte moi un peu ce que vous avez encore fait.

EXERCICES ORAUX OU ÉCRITS

1. Qu'arrive-t-il quand le soleil chauffe l'eau de la mer?.
2. Que forme la vapeur en se refroidissant un peu?
3. En quoi la transforme le vent froid?
4. L'eau reste-t-elle en l'air?
5. Qu'est-ce que la météorologie?
6. Qu'appelle-t-on météores?

Questions sur les leçons de choses.

Fig. 24. — Quel aspect a une plante qui puise dans le sol l'humidité qui lui est nécessaire? — La sécheresse a-t-elle des conséquences funestes pour elle? — **Fig. 25.** — Qu'arrive-t-il lorsqu'on place un corps froid, une assiette par exemple, au dessus d'un vase contenant de l'eau en ébullition? — Sous quelle forme la vapeur se condense-t-elle à sa surface?

VIII (8)

Le sel.

— Nous avons fait du sel, monsieur.

— Vraiment. Eh bien, je serais bien embarrassé d'en faire, moi!

— Oh! c'est-à-dire, nous n'avons pas *fait* du sel tout à fait; seulement on dit dans le livre d'André qu'on trouve du sel dans l'eau de la mer, et qu'il n'y a qu'à faire sécher l'eau pour que le sel reste. Alors un matin, nous avons mis deux ou trois cuillerées de sel dans de l'eau; puis, quand tout a été fondu, nous en avons versé un peu sur une assiette que nous avons mise au soleil, et quand nous sommes rentrés de l'école, à cinq

heures, toute l'eau était partie, et il y avait beaucoup
de petits *grains de sel,*
que maman nous a ache-
tés pour un sou.

— A la bonne heure,
voilà une expérience
sérieuse au moins, qui
rapporte quelque chose!
C'est très bien travaillé.
Maintenant, André pour-
rait-il me dire comment
on appelle les grands bas-

Fig. 26. — Georges et André ven-
dirent un sou, à leur mère, les grains
de sel qu'ils avaient obtenus par évapo-
ration.

sins[1] où l'on travaille l'eau de la mer pour la faire
sécher?

— Oui, monsieur, on les
appelle des *marais salants,* il
y en a beaucoup sur les bords
de la Méditerranée et de l'O-
céan.

—Et trouve-t-on du sel ailleurs que dans l'eau de la mer?

— Oh! oui, monsieur, il y
a des *sources salées.*

— Parfaitement, nous en
avons même une trentaine en
France. Maintenant suppo-
sons que nous n'ayons plus
ni *sources*[2] *salées,* ni *eau de
mer* où trouverions-nous encore du sel?

Leçons de choses.

Fig. 27. — Marais sa-
lants. — Sur les côtes on obtient
du sel en faisant pénétrer par
des rigoles[3] l'eau de la mer dans
des bassins peu profonds où elle
est évaporée[4] par l'action com-
binée de l'air et de la chaleur
solaire. Lorsque toute l'eau est
évaporée on trouve le sel au fond
de ces bassins sous la forme
de petits cristaux[5] : c'est le sel
marin.

— Nous en aurions dans les *mines*[1] *de sel,* monsieur.

— C'est cela, il nous reste encore le *sel gemme,* comme on appelle le sel des *mines.*

— Tiens, je ne savais pas qu'il y avait des mines de sel, fit Georges, mais de vraies, grandes mines comme les autres, avec des rochers de sel?

Leçons de choses.

Fig. 28. — MINE DE SEL DE WIELICSKA. — Le sel recueilli dans les mines porte le nom de **sel gemme.** La mine la plus importante est celle de Wielicska, près de Cracovie, dans la Pologne autrichienne ; elle occupe une superficie souterraine considérable, sa profondeur dépasse 400 mètres au dessous du niveau du sol. C'est une véritable ville taillée dans le sel, avec des places, des rues, des maisons, des chapelles ; une nombreuse population de mineurs y naît, y vit, y meurt. Sa production est énorme.

— Oui, mon petit ami de vraies grandes mines comme les autres, avec des rochers de sel. Il y en a en France, en Angleterre et dans beaucoup d'autres pays, mais la plus grande, la plus importante du monde entier est celle de *Wielicska,* dans la Pologne autrichienne. C'est une véritable ville souterraine[2] avec des maisons, des rues, des places, des églises, tout cela bâti en sel.

— Voilà qui est drôle, par exemple, une ville de sel! Mais pourquoi donc y a-t-il des maisons et tout cela sous terre? Les mineurs ne remontent donc pas?

Explication des mots. —1. Terrain, gite, qui contient du sel et dans lequel on a pratiqué des excavations qui permettent de le recueillir. — **2.** Sous terre.

— Bien rarement; ils passent leur vie, là sous terre, tranquilles, heureux, sans s'occuper de ce qui se fait dans le grand monde au-dessus d'eux. Il y en a même qui naissent, qui grandissent et qui meurent sans avoir jamais vu notre soleil, sans savoir ce que c'est qu'un arbre vert ou un champ de blé.

— Eh bien! voilà un métier qui ne m'irait pas, dit François; rien que de rester en classe jusqu'à cinq heures j'en ai assez.

— Moi, j'aimerais bien aller voir cela, dit André, mais rester là-dessous toute ma vie, merci.

EXERCICES ORAUX OU ÉCRITS

1. Que trouve-t-on dans l'eau de mer?
2. Qu'est-ce qu'un marais salant?
3. Où existe-t-il beaucoup de marais salants?
4. Où trouve-t-on encore du sel?
5. Combien de sources salées possédons-nous en France?
6. Quel nom donne-t-on au sel des mines?
7. Dans quels pays se trouvent ces mines?
8. Où se trouve la plus importante du monde?
9. Décrivez-là.

Questions sur les leçons de choses.

Fig. 27. Comment obtient-on le sel sur les côtes? — Quel nom portent les bassins où l'on évapore l'eau de mer? — Ces bassins sont-ils profonds. — Sous quelle action l'eau s'évapore-t-elle? — Que trouve-t-on lorsqu'elle est toute évaporée? — Quel aspect a ce sel? — Quel nom lui donne-t-on? — **Fig. 28.** — Quel nom porte le sel que l'on tire du sol? — Quelle est la mine la plus importante? — Dans quel pays se trouve Cracovie? — La Pologne autrichienne est-elle à l'est ou à l'ouest de l'Europe? — Cette mine est-elle grande? — Quelle est sa profondeur? — N'est-elle pas habitée?

IX (9)
Le vieux soldat.

Maître Georges allait édifier la communauté[1] par ses idées personnelles sur ce genre de vie, lorsqu'un coup de sifflet formidable[2] arrêta les paroles sur ses lèvres.

— Pourquoi donc siffle-t-on comme cela? demanda-t-il avec une petite mine inquiète.

— Probablement nous ne sommes pas loin d'une gare, répondit son père, et on siffle pour avertir de notre arrivée.

En effet le mouvement se ralentit peu à peu, et enfin le train s'arrêta complètement près d'une petite gare.

Leçons de choses.

Fig. 29. — VUE DE VERNON. — Vernon est une petite ville du département de l'Eure sur la rive gauche de la Seine[4] (7881 habitants). Parc et magasins du train des équipages[5] militaires. Au moyen âge Vernon était fortifiée et importante par sa situation. Elle fut prise par les Anglais en 1419. Commerce de grains et de pierres de taille.

— *Vernon!* quinze minutes d'arrêt! cria l'employé.

— Quinze minutes d'arrêt ! répétèrent les enfants regardant la porte d'abord, et Mme Durand ensuite.

— Je veux bien, mes enfants; allez vous dégourdir[3] les jambes un instant, dit-elle; seulement ne vous éloignez pas.

Et les voilà partis tous trois, avec M. Collin comme chef d'expédition[1] ; pour explorer le pays pendant quinze minutes.

La petite gare était toute fleurie. Une odeur de rose et de chèvrefeuille entrait jusque dans le wagon. Les grands bois tout au loin, la Seine là-bas dans la vallée, la petite ville baignée dans le soleil du matin, tout était frais et charmant.

Mme Durand, accoudée à la portière, admirait tranquillement ce beau tableau de la nature, quand tout à coup le commandant se leva, et, descendant vive-

Fig. 30. — Notre France n'est pas morte, dit le commandant, voilà de braves enfants qui, un jour, vengeront leurs aînés.

ment, alla saluer avec respect un homme âgé qui passait, marchant péniblement, appuyé sur sa canne. On voyait qu'il avait été grand et fort, mais maintenant il était courbé par les années ; avec sa figure douce, ses grands cheveux d'argent et sa barbe blanche, c'était un beau vieillard. A sa tenue, on devinait qu'il avait été soldat.

Après avoir causé quelques instants avec lui, l'officier alla chercher les enfants et, prenant les deux frères par la main.

— Venez, dit-il, je veux vous montrer un héros[2] ; et il les mena vers le vieux soldat.

Explication des mots. — 1. De bande, de la petite troupe.— 2. Celui qui se distingue par un courage extraordinaire, par la vertu et le désintéressement.

—Notre France n'est pas morte, dit-il à ce dernier. Voilà de braves enfants qui, un jour, vengeront leurs aînés.

Le vieillard se redressa.

— Oui, dit-il, ce jour-là viendra! Je ne le verrai pas, mais il est là, dans l'avenir. Eh bien! petit, quand tu iras là-bas chercher les nôtres, fit-il en posant une main sur l'épaule d'André, tu te rappelleras que nous avons souffert, que le Prussien est venu jusqu'ici nous insulter et brûler nos villes; tu te rappelleras cela et tu te battras comme un lion. Mais ne fais pas comme ils ont fait, épargne les femmes et les enfants : il n'y a que les lâches[1] qui frappent les faibles.

Fig. 31. — Les Prussiens se montrèrent bien lâches à Vernon. Non contents d'incendier les maisons, ils maltraitaient les femmes et les enfants.

— Moi, Monsieur, je veux être général quand je serai grand, s'écria Georges les yeux brillants, et je me battrai bien, moi aussi.

Le vieillard le regarda en souriant.

— Quel âge as-tu, mon petit ami, et comment t'appelles-tu? demanda-t-il.

— J'ai eu sept ans au mois de mars, Monsieur, et je m'appelle *Georges*, Georges Durand.

— Georges, murmura le vieux, lui aussi s'appelait Georges ; et une larme coula le long de sa joue.

A ce moment, un employé pria les voyageurs de remonter en wagon, et l'on se dit adieu.

Explication des mots. — **1.** Homme à instincts bas qui n'a ni courage ni énergie.

— Adieu, mes enfants, dit le vieux soldat, adieu; rappelez-vous qu'on ne regrette jamais d'avoir fait son devoir, non, jamais!

Et il resta là tout songeur, regardant le train jusqu'à ce qu'il eût entièrement disparu.

EXERCICES ORAUX OU ÉCRITS

1. Pourquoi les trains sifflent-ils à l'approche d'une gare?
2. Dans quel département se trouve Vernon?
3. Quel fleuve passe près de Vernon?

Questions sur les leçons de choses.

Fig. 29. — Dans quel département se trouve Vernon? — Sur quelle rive de la Seine? — Cette ville n'a-t-elle pas eu une certaine importance au moyen âge? — En quelle année fut-elle prise? — Par qui? — En quoi consiste son commerce?

X (10)

Le devoir civique[1].

Les enfants aussi étaient devenus songeurs. Quelque chose chez ce vieillard, qu'ils ne connaissaient pas, les avaient impressionnés; à ce point que le petit Georges resta tranquille dans son coin sans rien dire.

— Qu'est-ce qu'a donc fait ce vieux monsieur? demanda enfin André. Vous l'avez appelé un héros tout à l'heure.

—Ah! vous allez voir s'il mérite qu'on lui donne ce titre, dit le commandant. Il avait déjà soixante ans au moment de la guerre, ce qui ne l'empêcha pas de prendre son fusil et de partir avec ses trois garçons pour défendre la Patrie. Tous trois se firent

---

Explication des mots. — — 1. Du citoyen.

tuer à ses côtés à la bataille de Sedan[1], et le vieux père lui-même fut blessé. Il revint tout seul retrouver sa femme et son quatrième fils, un grand et beau garçon de dix-sept ans. Il ne voulait pas que celui-là partît, si jeune et le dernier. Mais les choses allaient mal, la France avait besoin d'hommes ; puis l'enfant avait honte de rester là à l'abri, immobile et inutile, pendant que ses aînés se battaient, et il brûlait de prendre le fusil.

« Eh bien ? va-t'en, lui dit un jour son père, va-t'en, tu es à la France avant d'être à moi », et celui-là, le dernier, alla se faire tuer à Châteaudun[2].

Il s'appelait *Georges*.

Plus tard, lorsque les Prussiens sont venus à Vernon, le vieux père Bertrand voulut reprendre son fusil ; et les gens du pays vous racontent encore aujourd'hui les luttes du *vieux patriote*[3], avec les Prussiens. Sa pauvre femme est morte de chagrin le jour même de la capitulation[4] de Paris. Ah ! il a bien souffert, et cependant, mes enfants, il vous a dit qu'*on ne regrette jamais d'avoir fait son devoir.*

— Les Prussiens sont donc venus ici, où nous sommes ? demanda Georges.

— Mais oui, ils sont venus bombarder[5] Vernon, la jolie petite ville que nous venons de traverser. Il faut dire, du reste, qu'ils ont été battus de la belle façon dans la forêt que tu vois là-bas, la forêt de Bizy.

Explication des mots. — **1.** Ville du dép. des Ardennes, patrie de Turenne. Napoléon III s'y rendit au roi de Prusse en 1870. — **2.** Chef-lieu d'arr. du Loir-et-Cher, célèbre par sa résistance aux Prussiens en 1870. — **3.** Qui aime sa patrie, qui se dévoue pour elle. — **4.** Convention qui règle à quelles conditions une place ou une troupe se rendra. — **5.** Envoyer des bombes, des obus, sur une ville.

— Et ce sont les gens de Vernon qui les ont si bien battus que cela? demanda François.

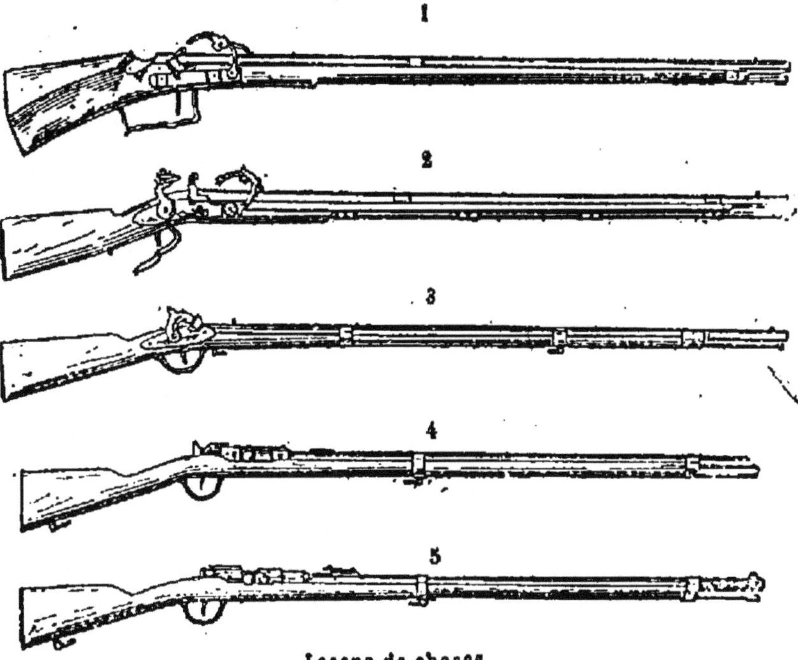

Leçons de choses.

Fig. 32. — Transformations du fusil de guerre. — Le n° 1 représente le mousquet à mèche qui fut introduit en France vers 1600. Le coup ne partait que lorsqu'on enflammait l'*amorce*[2] au moyen de la *mèche*. Vers 1646 le mousquet fut abandonné pour le fusil à pierre (fig. 2) inventé en France ; la mèche était remplacée par un morceau de *silex* ou pierre à fusil, qui, au moyen d'un mécanisme spécial venait frapper violemment sur la *batterie*[3], les étincelles produites mettaient le feu à l'amorce. Dans les premières années du siècle, on donna à l'armée le fusil à piston (fig. 3) dit aussi fusil de *munition*. Comme les deux précédentes, cette arme se chargeait par le *canon*, mais la décharge était produite par l'inflammation d'une *capsule fulminante*[4]. Au moment de la guerre de 1870-71 nos troupes étaient armées du fusil Chassepot (fig. 4) se chargeant par la *culasse*[5]. Ce fusil quoique réalisant un progrès sur les anciens systèmes était d'un entretien difficile et se détériorait rapidement à l'usage. On le remplaça en 1874 par le fusil Gras (fig. 5) encore en service dans l'armée française, qui lui est préférable sous tous les rapports.

— Non, ce sont les mobiles[1] de l'Ardèche, qui se sont tenus admirablement ce jour-là, comme de

---

Explication des mots. — Lectures. **1.** Troupe composée de jeunes gens qui ne font pas partie de l'armée active. — Leçons de choses. **2.** Poudre avec laquelle on enflamme la charge d'un fusil. — **3.** Pièce d'acier qui couvre le bassinet d'un fusil. — **4.** Petit cylindre en cuivre rempli d'une espèce de poudre qui détonne facilement. — **5.** Partie qui fait le fond du canon d'une arme à feu.

vieux soldats, et pourtant la plupart d'entre eux n'avaient pas encore vu le feu. Avec cela, ils n'avaient que de mauvais fusils à piston tandis que les Prussiens, beaucoup plus nombreux d'ailleurs, avaient des fusils à aiguille[1], des canons et tout ce qu'il fallait.

— A la bonne heure. Vivent les mobiles de l'Ardèche ! s'écria François.

VIVE LA FRANCE ! car décidément il n'y a pas mieux qu'elle, c'est le pays des braves !

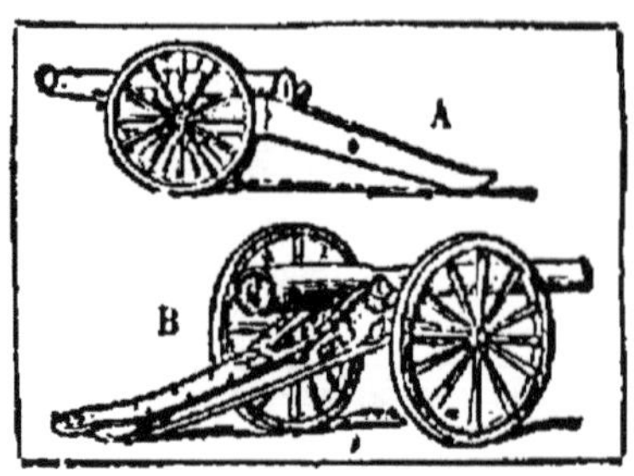

Leçons de choses.

Fig. 33. — CANONS. — Jusqu'à la guerre franco-allemande les différentes armées européennes n'avaient guère que des **canons** de bronze[2] à âme *lisse*, c'est-à-dire non rayés. La **fig. A** montre un de ces canons. Mais on a reconnu depuis que les pièces *rayées, en acier* (voir **fig. B**) se chargeant par la culasse étaient bien supérieures sous tous les rapports ; elles ont été adoptées pour l'armée française.

EXERCICES ORAUX OU ÉCRITS

1. Raconter pourquoi le père Bertrand peut être appelé un héros.
2. Dans quel département se trouve Chateaudun ?
3. Par qui les Prussiens ont ils été battus dans la forêt de Bizy ?

Questions sur les leçons de choses.

Fig. 32. — Vers quelle année le mousquet à mèche fut-il introduit en France ? — A quelle époque fut-il abandonné pour le fusil à pierre ? — Où ce fusil a-t-il été inventé ? — Par quoi la mèche était-elle remplacée ? — Comment le feu prenait-il à l'amorce ? — Quand donna-t-on le fusil à piston à l'armée ? — Ce fusil ne porte-t-il pas un autre nom ? — Se chargeait-il par la culasse ou par le canon ? — Dites comment se produisait la décharge. — Quel fusil avaient nos troupes en 1870 ? — Comment charge-t-on le Chassepot ? — Parlez des inconvénients de ce fusil. — Par quoi le remplaça-t-on en 1874 ? — **Fig. 33.** — Quels canons étaient en usage dans les armées européennes avant la guerre Franco-allemande ? — Comment sont les pièces employées actuellement ? — Sont-elles rayées ? — Par où les charge-t on ?

Explication des mots. — LECTURES. **1.** Fusil dans le genre du Chassepot, employé par l'armée prussienne. — LEÇONS DE CHOSES. **2.** Alliage de cuivre et d'étain.

XI (11)

La bière, le cidre, le café, le thé.

— Oui la France est le pays des braves, mais c'est un pays où on a joliment soif, en tous cas, dit André. Ce serait bien le moment de faire tomber notre fameuse pluie, Georges, j'en boirais volontiers, car j'ai le gosier[1] desséché.

— Eh bien, dit M. Durand, à la prochaine gare, j'offrirai une bouteille de bière à celui qui me dira avec quoi et comment on la fait.

— Je sais que l'on fait la *bière* avec de l'orge, mais comment on s'y prend, je n'en sais rien, dit André.

Leçons de choses.

Fig. 34. — Lorsque l'on place une graine de plante, un **grain d'orge** par exemple, sur une assiette et qu'on l'humecte avec de l'eau il *germe* et au bout de quelque temps le germe[3] donne naissance à des feuilles.

— Moi je suis plus avancé que toi, je sais qu'on y met aussi du *houblon*[2], ajouta François, mais voilà tout ce que j'en puis dire.

— Alors, personne ne peut me dire ce que fait le *brasseur* avec son orge et son houblon pour avoir de la bière? Ce n'est pourtant pas bien compliqué. D'abord, si je mettais quelques grains d'orge bien humectés dans une assiette, savez-vous ce qui arriverait?

— Je pense que l'orge *germerait*, père, et qu'il

Explication des mots. — LECTURES. 1. Partie intérieure de la gorge au fond de la bouche. — 2. Cône de la fleur femelle d'une plante grimpante appelée aussi houblon. — LEÇONS DE CHOSES. 3. Petites feuilles qui sortent d'une graine et qui forment la plante.

pousserait des petites feuilles vertes, répondit André.

— Parfaitement. Eh bien, voilà ce que fait le brasseur. Il humecte une grande quantité d'orge qu'il laisse *germer* ; ensuite il la fait sécher puis il l'écrase grossièrement, et sur cette orge

Leçons de choses.

Fig. 35. — FABRICATION DU CIDRE. — Le cidre se fait avec des *pommes* que l'on écrase d'abord sous des meules[1] mises en mouvement par un cheval comme le représente la gravure. Ces pommes écrasées sont conservées pendant 24 heures dans un *cuvier*[2], puis placées sous le *pressoir*[3], le jus qui s'écoule est recueilli dans des baquets et versé dans de grands tonneaux où on le laisse *fermenter*.

Le cidre est une boisson contenant de 4 à 8 0/0 d'alcool, qui est consommée surtout en Bretagne, en Normandie et en Picardie.

écrasée, il verse de l'eau chaude pour avoir du *moût*, auquel moût on ajoute du houblon, et voilà la bière faite. Il n'y a plus qu'à la boire, comme

---

Explication des mots. — LEÇONS DE CHOSES. **1.** Roue pleine en grès ou en pierre dure. — **2.** Espèce de tonneau qui n'a qu'un fond. — **3.** Machine qui sert à presser les pommes, le raisin, etc. ; il en existe de nombreux systèmes.

je vais boire la mienne tout à l'heure. Car, puisque personne n'a pu me dire comment on la faisait, il est juste que tout soit pour moi ; tant pis pour les ignorants.

— Mais, mon père, tu nous dois une demi-bouteille, puisqu'avec François nous avons répondu à la moitié de tes questions. Tu as promis une bouteille entière pour deux réponses, nous t'en avons donné une, par conséquent tu nous dois la moitié.

— Voilà qui n'est pas mal trouvé en effet, dit M. Durand en riant. Si c'est M. Collin qui t'apprend à raisonner

Leçons de choses.

Fig. 36. — LE CAFÉ. — Le café est le fruit d'une plante appelée *caféier*, originaire de l'Asie et de l'Afrique tropicale ; le caféier d'Arabie[1] est le plus estimé.

Le café se boit infusé dans l'eau chaude après avoir été torréfié[2] et broyé ; c'est une boisson tonique[3] et excitante d'un goût très agréable.

L'usage du café que nous tenons des Orientaux a été introduit en France vers 1669.

de la sorte, je lui fais mes compliments, car bien certainement, mon fils, tu feras ton chemin dans le monde.

— Il me semble, dit Mᵐᵉ Durand, que ce serait plutôt le moment de boire du *cidre* puisque nous voilà dans ce bon pays de Normandie.

— C'est vrai, je n'y avais pas pensé; va pour le cidre de Normandie, je veux bien. Pourvu que mon petit Georges, cette fois-ci, me dise avec quoi il est fait; car je ne veux plus rien demander à ces deux grands garçons-là qui m'exploitent avec leurs demi-bouteilles.

— Mais oui, papa, je sais bien avec quoi on fait le *cidre;* c'est avec des *pommes*, et puis on fait le *vin* avec des *raisins*.

—A la bonne heure, voilà ce qui s'appelle répondre: au moins je pose une question et tu me donnes deux réponses, c'est très bien, mon petit homme; on fait le cidre avec des pommes et le vin avec des raisins. Et maintenant puisque nous voilà sur le chapitre des boissons, qui est-ce qui saurait me dire ce que c'est que le *café?*

Leçons de choses.

Fig. 37.— Le thé.—Le thé est un arbuste qui ne croît spontanément qu'en Chine[1] et au Japon[2], mais que l'on cultive, en dehors de ces deux pays, dans l'Inde[3], au Brésil[4] et à l'Île de France[5]. Le plus estimé est le thé de la Chine.

Pour l'alimentation, la feuille seule est employée en *infusion* dans de l'eau chaude. Elle constitue ainsi préparée une boisson agréable dont les effets sont à peu près les mêmes que ceux du café. Les Chinois, les Russes, les Anglais font une énorme consommation de thé.

C'est au XVIIe siècle que l'usage du thé a été introduit en Europe.

Explication des mots. — Leçons de choses. **1**. Vaste empire de l'Asie orientale, cap. Pékin. — **2**. Pays à l'E. de l'Asie composé de quatre grandes îles, cap. Yédo. — **3**. Presqu'île au S. de l'Asie appelée aussi Hindoustan; elle est occupée par les Anglais qui nous l'ont prise. — **4**. Empire de l'Amérique du Sud, cap. Rio de Janeiro. — **5**. Île de l'Océan Indien appelée aussi Île Maurice. Cette île nous appartenait, les Anglais l'occupent depuis 1810.

— Le café, c'est la graine d'une plante qui pousse dans les pays chauds, répondit André.

— Bien, comme tu le dis, le *caféier* pousse dans les pays chauds, et la contrée du monde qui en produit le plus est le Brésil.

— Le *thé* aussi est une plante des pays chauds, n'est-ce pas, mon oncle? demanda François.

— Oui, mon ami. Le thé nous vient surtout de la *Chine*, c'est avec les feuilles de l'arbre qu'on prépare la boisson favorite de tous les peuples de l'Extrême-Orient. Les Chinois les font sécher avec très grand soin dans des fourneaux puis, ils les emballent toutes chaudes encore dans des caisses, et les expédient dans toutes les parties du monde.

A la grande joie du pauvre André, qui mourait de soif, le train s'arrêta encore une fois, et il pût descendre boire un bon verre de cidre, ce qui lui fit infiniment plaisir.

EXERCICES ORAUX OU ÉCRITS

1. Avec quoi fabrique-t-on la bière?
2. Dites le nom du fabricant de bière.
3. Comment se fait la bière?
4. Qu'est-ce que le moût?
5. De quels départements est formée la Normandie?
6. Avec quel fruit se fait le cidre?
7. Quel fruit donne le vin?
8. Dites ce que c'est que le café.
9. Dans quelles contrées pousse le caféier?
10. Dites dans quelle partie du monde se trouve le Brésil.
11. D'où vient le thé.
12. Dans quelle partie du monde est la Chine?
13. Qu'est-ce que le thé et comment le prépare-t-on?

Questions sur les leçons de choses.

Fig. 34. — Que devient un grain d'orge humecté d'eau? — Le germe donne-t-il naissance à des feuilles? — **Fig. 35.** — Avec quoi fait-on le cidre? — Que fait-on des pommes? — Combien de temps sont-elles gardées une fois écrasées? — Que fait-on du jus qui sort du pressoir? — Fait-on fermenter le cidre? — Combien le cidre contient-il d'alcool? — Dites les noms des pays qui en consomment le plus. — **Fig. 36.** — Qu'est-ce que le café? — D'où le caféier est-il originaire? — Quel est le plus estimé? — Quels traitements subit le café avant d'être infusé? — Dans quoi le fait-on infuser? — Dites quelles sont les qualités du café. — De qui tenons-nous l'usage du café? — En quelle année fut-il introduit en France? — **Fig. 37.** — Le thé est-il un arbre? — Où croît-il spontanément? — Citez les noms des pays qui cultivent le thé. — Quel est le thé le plus estimé? — Quelle est la partie de la plante employée dans l'alimentation? — Comment prépare-t-on le thé en boisson? — Cette boisson est-elle agréable au goût et quels effets produit-elle? — Dites les noms des peuples qui font une grande consommation de thé. — A quelle époque le thé fut-il introduit en Europe?

XII (12)

L'électricité.

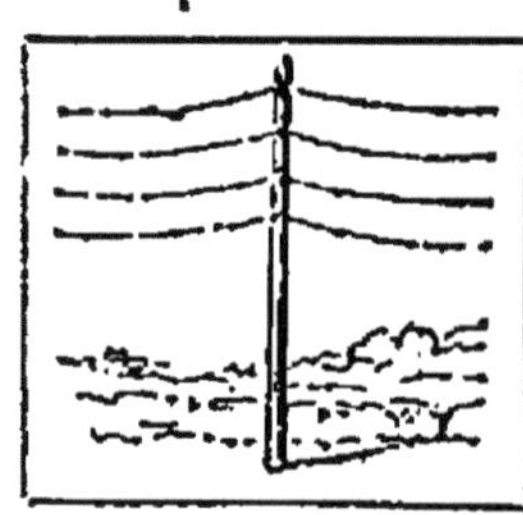

Leçons de choses.

Fig. 38. — Les bureaux télégraphiques des gares de chemins de fer et des villes sont reliés entre eux au moyen de fils. Ces fils sont en *fer galvanisé*, c'est-à-dire qu'ils sont recouverts d'une couche de zinc[3] qui les empêche de rouiller; ils sont attachés à des poteaux au moyen d'*isolateurs* en porcelaine ou en verre afin que le courant électrique ne soit pas interrompu.

A peine le train s'était-il remis en mouvement, que Georges quitta le coin où il était installé avec le cousin François, et vint se planter devant M. Collin.

— Monsieur, fit-il gravement, François dit que les fils de fer attachés sur ces grands poteaux[1], c'est le chemin de fer des dépêches[2].

— Et François n'a pas trop tort; c'est en effet par là que voyagent les dépêches.

— Mais alors qu'est-ce qui les fait voyager si vite?

—C'est l'électricité, mon ami.

Explication des mots. — LECTURES. **1.** Pièce de bois plantée debout dans le sol. — **2.** Communication publique ou privée envoyée par le télégraphe. — LEÇONS DE CHOSES. **3.** Métal d'un blanc gris qui a la propriété de ne s'oxyder que très lentement au contact de l'air et de l'eau.

— Et qu'est-ce que c'est que l'électricité? continua François.

— Ah! je pensais bien, lui dit M. Collin, qu'il allait nous pleuvoir des *qu'est-ce que* et des *pourquoi* un peu gênants ; mais tu as raison de questionner, mon enfant, c'est comme cela que l'on s'instruit. Eh bien! l'*électricité* est quelque chose comme la chaleur, la lumière ; *c'est une force de la nature*, comme on dit. Ainsi quand il fait de l'orage, quand le tonnerre gronde là-haut, et que l'éclair brille, c'est l'électricité qui travaille. Aujourd'hui on sait produire de l'électricité, et on s'en sert pour mille choses admirables et extraordinaires: pour le

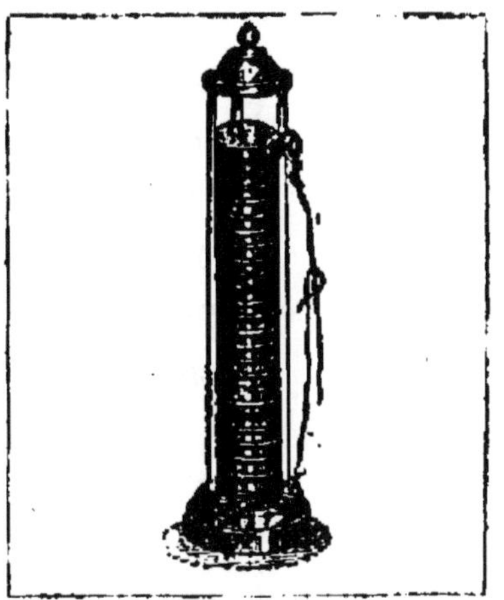

Leçons de choses.

Fig. 38bis. — PILE DE VOLTA. — Pour produire l'*électricité*, on emploie des appareils appelés piles dont il existe un grand nombre de systèmes. La pile de Volta se compose d'une série de disques[1] de *cuivre* et de *zinc* superposés et séparés les uns des autres par des rondelles de *drap* imbibées d'eau acidulée avec de l'*acide sulfurique*. En réunissant au moyen d'un fil de cuivre le dernier zinc au premier cuivre, il se produit un *courant électrique*.

Leçons de choses.

Fig. 39. — TÉLÉGRAPHE A CADRAN (Récepteur). — Il existe de nombreux systèmes d'appareils *télégraphiques* ; le télégraphe à cadran[2] est un des plus employés par les chemins de fer à cause de la facilité de son maniement. Rien de plus simple en effet, la personne placée au *récepteur* n'a qu'à regarder le cadran, l'*aiguille* s'arrête un instant sur les lettres qui forment le mot, et sur la croix quand le mot est fini.

Explication des mots — LEÇONS DE CHOSES. **1.** Plaques circulaires comme une pièce de monnaie. — **2.** Cercle de cuivre sur lequel sont gravés les lettres de l'alphabet et les chiffres.

télégraphe électrique, dont le fil passe sur ces poteaux, pour la *lumière électrique* qui éclaire nos grandes villes, pour le *téléphone* qui porte au loin la voix humaine, et pour bien d'autres merveilles encore.

— Et maintenant, François, si tu remerciais M. Collin de toutes les explications qu'il vient de te donner, dit Mme Durand, il me semble qu'elles en valent bien la peine.

—Oh! oui, ma tante, fit-il en devenant tout rouge. Et puis un peu gauchement, il ajouta : Je vous remercie beaucoup, monsieur.

— Pauvre enfant, voyez comme je l'ai fait rougir, fit Mme Durand en attirant près d'elle son grand espiègle[1] de neveu. Mais c'est qu'il faut soutenir sa réputation de politesse, car on dit que nous autres Français, nous sommes la nation la plus polie du monde. Et c'est une

Leçons de choses.

Fig. 40. — Lampe Edison. — La lampe Édison est une des meilleures pour l'*éclairage électrique*; sa lumière, quoique éclatante, est douce à la vue et d'une grande fixité[2]; le réglage[3] se fait aussi facilement que pour un bec de gaz, au moyen d'une clé.

Cette lampe consiste en un fer à cheval allongé d'un *charbon spécial* obtenu en carbonisant[4] une espèce de *bambou*[5] du Japon. Ce charbon est enfermé dans une *ampoule*[6] *de verre* mince dont on a retiré l'air, et maintenu verticalement par deux pinces terminant deux *fils de platine*[7] qui livrent passage au courant électrique. Sitôt que le *courant* passe, le charbon devient incandescent[8] et projette une vive lumière.

---

bien bonne chose que la politesse, mes enfants, et une chose que l'on doit à tout le monde, aussi bien à ses camarades et à ses parents qu'aux étrangers.

— A ses parents, passe encore, mais à ses

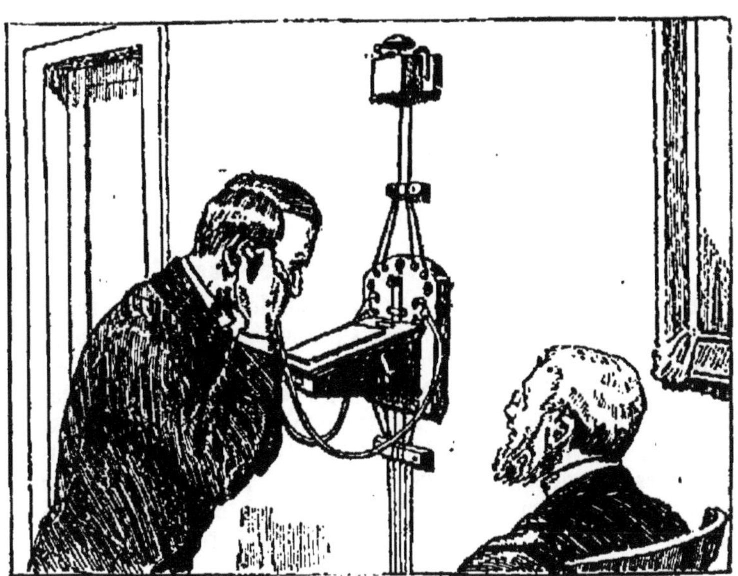

Leçons de choses.

Fig. 41. — Téléphone. (Système Ader). — Le téléphone Ader est employé par les lignes téléphoniques françaises. Il se compose d'un *timbre avertisseur* électrique, d'un *transmetteur* et d'un *récepteur*. La figure ci-dessus représente l'appareil complet: au-dessus se trouve la *sonnerie* avec son *timbre*, le transmetteur a la forme d'un petit pupitre en bois de sapin sur lequel on parle; le récepteur se compose de deux anneaux sur la circonférence desquels se trouve un petit pavillon que l'on s'applique à l'oreille.

Lorsque l'on veut causer avec une autre personne, on sonne pour l'appeler, on parle sur le pupitre et l'on écoute les réponses en tenant les deux anneaux à ses oreilles.

camarades, c'est autre chose. Tu voudrais peut-être bien que je fasse des politesses à Georges et à André maintenant? dit François avec sa brusquerie[1] habituelle.

— Je ne comprends pas très bien ce que tu veux dire par *faire des politesses*, mais un enfant bien élevé doit toujours être poli, même avec ses pe-

---

Explication des mots. — **1.** Rudesse mêlée de promptitude.

tits camarades. Tâchez de vous rappeler cela tous les trois.

EXERCICES ORAUX OU ÉCRITS

1. Qu'est-ce que l'électricité?
2. Sait-on produire, aujourd'hui, l'électricité?
3. Quel usage en fait-on?
4. Dites à quoi sert le télégraphe.
5. La lumière électrique.
6. Le téléphone.
7. Faut-il être poli avec tout le monde?
8. Quelle est la nation la plus polie?

Questions sur les leçons de choses.

Fig. 38. — Comment les bureaux télégraphiques sont-ils reliés entre eux? — Quelle est l'utilité de la galvanisation du fer? — Comment les fils sont-ils attachés aux poteaux? — A quoi servent les isolateurs? — En quoi sont-ils? — **Fig. 38bis.** — Qu'emploie-t-on pour produire l'électricité? — Décrivez la construction de la pile de Volta. — **Fig. 39.** — Existe-t-il de nombreux appareils télégraphiques? — Dites le nom de celui qui est le plus employé par les chemins de fer. — Expliquez le fonctionnement du récepteur. — **Fig. 40**. — Qu'est-ce que la lampe Edison? — N'existe-t-il pas d'autres systèmes d'éclairage électrique? — Dites ce que vous savez de la lumière de la lampe Edison. — Peut-on en régler la lumière et comment? — En quoi consiste cette lampe? — Avec quoi fait-on le charbon? — Dans quoi est enfermé ce charbon? — Que fait-on d'abord à l'ampoule de verre? — Quelle position le charbon occupe-t-il dans l'ampoule et par quoi est-il retenu? — Que terminent les petites pinces? — A quoi servent ces fils de platine? — Que se produit-il quand le courant électrique passe dans les fils? — **Fig. 41**. — Quel système de téléphone emploient les lignes téléphoniques françaises? — De quoi se compose ce téléphone? — Décrivez l'appareil complet d'après la fig. 41. — Quelle forme a le transmetteur? — Le récepteur? — Dites comment il faut s'y prendre pour causer avec une autre personne au moyen de l'appareil.

XIII (13)

L'alimentation.

— Serons-nous bientôt arrivés maintenant? demanda Georges, qui commençait à trouver qu'il faut bien longtemps pour aller de Paris à Rouen, même en chemin de fer.

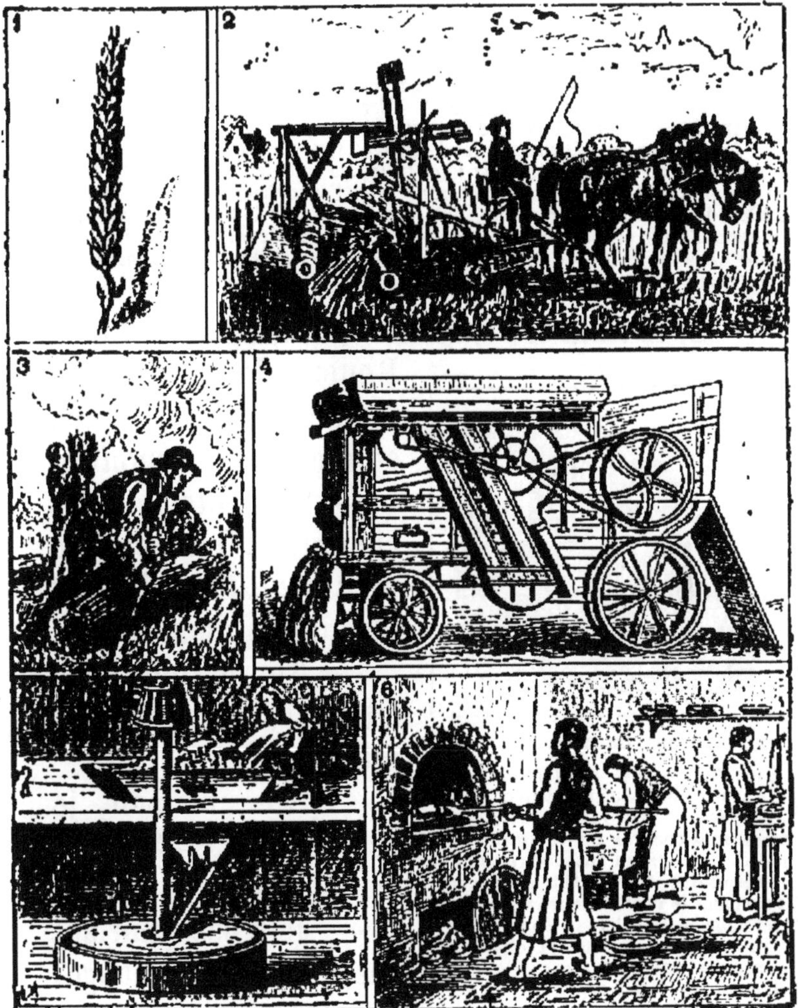

Leçons de choses.

Fig. 42. — Le Pain. — Le pain est un des principaux aliments de l'espèce humaine. On le fait avec la *farine* de différentes céréales [1], mais surtout avec celle du blé. — Le **blé** (fig. 1) ou froment, est une plante de la famille des graminées [2] que l'on cultive dans toutes les parties de la France. La Hongrie, la Russie [3], l'Amérique du nord en produisent des quantités considérables. En France, la récolte du blé ou *moisson* se fait dans le courant de juillet et d'août; les petits cultivateurs coupent leur blé, soit à la *faucille*, soit à la *faux*, soit à la *sape*, mais dans les grandes fermes on emploie des **moissonneuses mécaniques** (fig. 2) traînées par des chevaux, qui moissonnent avec une grande rapidité. Une fois coupé, le blé est mis en bottes par les *javeleurs* (fig. 3) puis dans certains pays, on en forme des tas appelés *meules;* dans d'autres on le rentre immédiatement dans les *granges* qui sont des bâtiments spéciaux ; enfin une coutume qui commence à se généraliser aujourd'hui, consiste à battre le grain sur le champ même au moyen de **machines à battre** (fig. 4) mises en mouvement par des manèges à cheval et surtout par des machines

Explication des mots. — Leçons de choses. 1. Nom donné aux plantes et aux graines propres à fournir du pain. — **2.** De la nature du gazon. — **3.** Le plus vaste empire du globe, comprend une grande partie de l'Europe et tout le nord de l'Asie. Sa capitale est Saint-Pétersbourg.

à vapeur montées sur roues appelées *locomobiles*. Certaines de ces machines à battre sont très perfectionnées: les gerbes de blé y sont introduites par la partie supérieure, elles sont battues à l'intérieur, la paille sort à l'avant il ne reste qu'à la lier en bottes et le blé sort à l'arrière, complètement nettoyé; on le reçoit dans des sacs, il est prêt à aller au moulin. La farine se fait au moulin. Il y a des moulins à *vent*, à *eau* et à *vapeur*. Pour moudre le grain, on le fait arriver entre deux *meules* de pierre (fig. 5) placées l'une au-dessus de l'autre, la meule inférieure est fixe, la meule supérieure tourne, la farine qui sort de là est mélangée avec le son [2]; on l'en débarrasse par différentes manipulations et divers appareils, puis elle arrive chez le **boulanger** (fig. 6) qui après l'avoir pétrie avec de l'eau y introduit du *levain* [3] et la laisse *fermenter* quelque temps. Cette pâte cuite dans des *fours* d'une construction appropriée est le **pain**.

— Si le train n'a pas de retard, nous serons à Rouen dans quarante minutes, dit M. Durand en regardant sa montre.

— Quarante minutes encore, dit Georges d'un petit air exténué [1], c'est plus d'une demi-heure.

— Tu es donc bien fatigué? lui demanda sa mère.

— Non, maman, je ne suis pas fatigué, mais j'ai une faim!

— Je n'ose pourtant pas te donner à manger maintenant, tu ne pourrais plus déjeuner.

Leçons de choses.

Fig. 43. — Les *chaudières à vapeur* ne marchent qu'autant qu'on entretient le feu de leur *foyer*. Les **chauffeurs** sont chargés de ce travail: ils mettent du *charbon* aussi souvent qu'il est nécessaire, ils retirent les *cendres*, ils remuent le charbon sur la grille du foyer pour en faciliter la combustion [4] et ils veillent à ce que la chaudière ne manque pas d'*eau*, car, si elle en manquait elle ferait explosion [5].

— Oh! si maman, je t'assure; donne-moi seulement un de ces petits pains que tu as mis dans ton sac avant de partir, s'il te plaît?

— Allons, rien qu'un pour t'empêcher de te

trouver mal, mon pauvre enfant, dit Mme Durand riant de l'air piteux de son fils.

— Est-ce drôle, dit André, que tous les jours, tous les jours on a faim, tous les jours on a besoin de boire et de manger.

— Hé oui! fit M. Collin, il faut bien du *charbon* pour faire marcher la locomotive, et ce que nous mangeons, nos *aliments,* c'est notre charbon à nous qui fait marcher notre machine.

— Quelle machine, demanda Georges?

— Notre corps, mon ami! N'est-ce pas une machine? Une machine qui travaille, qui marche, qui court et qui se fatigue? Tu sais bien que de temps en temps le *chauffeur* jette de grandes pelletées de charbon sur son feu, qui sans cela s'éteindrait tout doucement, si bien que peu à peu la locomotive se ralentirait; puis une fois le feu mort, elle s'arrêterait tout à fait.

Tu sais bien aussi que, quand on reste trop longtemps sans manger, on devient d'abord faible, on a de la peine à marcher, à se tenir sur les jambes. Et si l'on ne prenait de la *nourriture,* on finirait par mourir faute d'aliments, tout comme le feu s'éteint faute de charbon. Donc la nourriture nous donne des forces comme le charbon en donne à la locomotive. Comprends-tu maintenant, André, pourquoi nous avons tous les jours besoin de manger?

— Oui, monsieur, puisque tous les jours nous avons besoin de forces et que c'est la nourriture qui nous en donne.

—Mais, monsieur, un jour papa m'a dit que le

pain et la *côtelette* que je mangeais allaient devenir du *sang* et de la *viande* à moi, dit Georges.

— Et comme les papas ont toujours raison, le tien n'avait pas tort. Seulement elle a joliment de la besogne devant elle, la pauvre côtelette, avant de devenir du sang et de la viande, comme tu dis; mais une autre fois tu diras *chair* ou plutôt *muscle*, au lieu de viande, cela vaut mieux.

—Et qu'est-ce qu'elle fait donc avant de devenir du sang?

— Bien des choses, tout un voyage d'abord; mais cela serait un peu difficile pour toi à comprendre et à suivre maintenant.

EXERCICES ORAUX OU ÉCRITS

1. Dans quel département se trouve Rouen?
2. Que faut-il pour faire marcher une locomotive?
3. Le corps n'est-il pas une machine?
4. Que fait le chauffeur?
5. Qu'arrive-t-il lorsque l'on reste longtemps sans manger?
6. Pourquoi a-t-on besoin de manger tous les jours?
7. En quoi se transforment les aliments, une côtelette par exemple?

Questions sur les leçons de choses.

Fig. 42. — Qu'est-ce que le pain? — Avec quoi le fait-on? — Qu'est-ce que le blé? — Où le cultive-t-on? — Dites le nom des pays qui en produisent de grandes quantités. — A quelle époque la moisson se fait-elle en France? — Comment s'y prennent les petits cultivateurs? — Quel instrument emploient les grandes fermes? — Que fait-on du blé une fois qu'il est coupé? —Quel nom donne-t-on aux tas de gerbes? — Qu'est-ce qu'une grange? — Qu'est-ce qu'une machine à battre? —Par quoi est-elle mise en mouvement? — Comment s'appellent les machines à vapeur montées sur roues? — Décrivez le fonctionnement des machines à battre. — Où se fait la farine? — Y a-t-il différentes sortes de moulins? — Comment moud-on le grain? — La farine qui sort du moulin est-elle pure? — Comment le boulanger fait-il le pain? — **Fig. 43.** Que faut-il pour qu'une machine à vapeur marche? — Où le feu est-il placé?— De quoi sont chargés les chauffeurs? — Pourquoi remue-t-on le charbon sur la grille du foyer? — Qu'arriverait-il si la chaudière venait à manquer d'eau?

XIV (14)

La digestion.

— Mais moi, je comprendrai peut-être, fit André vivement; je ferai bien attention. Et il regarda M. Collin d'un air suppliant.

—Eh bien ! faisons un petit voyage avec la côtelette de Georges; nous laisserons de côté ce qu'il y a de trop difficile, voilà tout; d'ailleurs toi tu es grand garçon. Ainsi, en route ! Maître Georges introduit sa viande dans sa *bouche*, où elle est reçue d'une manière fort irrespectueuse, vraiment, par les *dents*, qui la déchirent et la broient sans pitié; la *salive* aussi vient aider ces petits tyrans [1] : elle humecte nos aliments et les ramollit si bien, qu'au bout d'un instant ils ne sont plus qu'une pâte molle qui entre alors dans un long tuyau, placé à l'intérieur du cou, lequel les mène jusqu'à *l'estomac*.

Leçons de choses.

Fig. 44. — Estomac de l'homme. — L'estomac forme une poche qui ressemble à une cornemuse. Il est placé au dessous des *poumons*. Les aliments y arrivent par un conduit appelé *œsophage*; là ils se trouvent en contact avec le *suc gastrique*, sécrété par l'estomac et sont transformés en une substance que le corps peut s'assimiler [3].

— Première étape [2], fit François.

— Précisément, estomac, première étape. Eh bien, cet *estomac* est une grande poche humectée d'une sorte de liquide qui

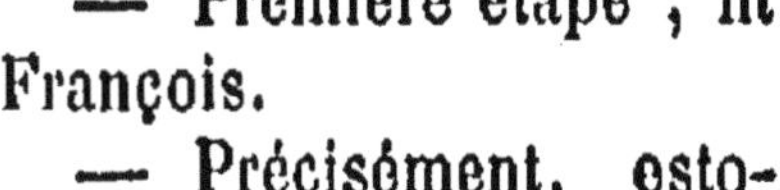

---

dissout la viande, c'est-à-dire la rend liquide. Ce qui échappe et reste solide continue son voyage et passe dans un second tuyau bien plus long que le premier : c'est *l'intestin*, où l'aliment rencontre d'autres liquides, qui à leur tour dissolvent [1] et le reste de la viande et la graisse. Toute la côtelette est ainsi liquéfiée [2] ; et la voilà prête à traverser les parois [3] de l'intestin pour se mêler au sang. C'est déjà quelque chose.

Ainsi Georges, voilà ta côtelette devenue du sang à la fin, et maintenant elle va voyager toujours, toujours dans tout ton corps, sans jamais s'arrêter.

— Ah ! je sais bien, fit Georges, d'un air important.

— Ah ! tu sais bien ? tu sais que toute la journée et toute la nuit ton sang est en train de galoper dans ton corps ?

— Il y a longtemps que je sais cela, et que

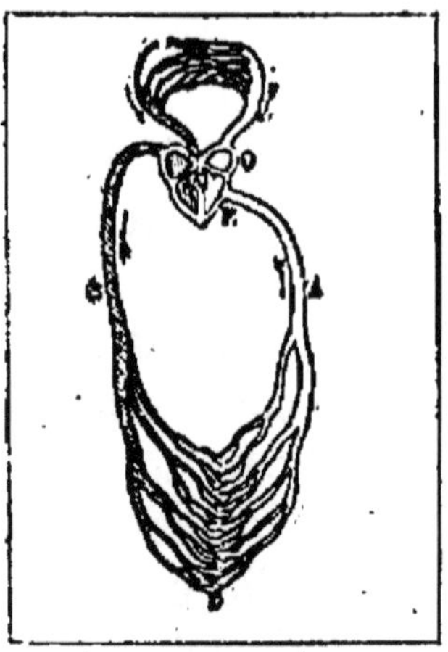

Leçons de choses.

Fig. 45. — CIRCULATION DU SANG. — Le **sang** circule continuellement dans le corps humain. Le **cœur** (C) règle cette circulation, il joue le rôle de pompe foulante, chaque battement équivaut au coup de piston d'une pompe. Le sang part du *ventricule gauche* du cœur et se rend dans toutes les parties du corps par un système de conduits appelés *artères* (A) qui deviennent de plus en plus petites à mesure qu'elles s'éloignent du cœur. Pendant le trajet, le sang vivifie [4] tous les organes qu'il parcourt et s'appauvrit ; il est alors ramené au cœur dans la *partie droite*, par d'autres canaux appelés *veines* (H) ; mais il n'y reste pas, il monte dans les poumons où il se revivifie au contact de l'air : de noir qu'il était il redevient **rouge** et regagne la partie gauche du cœur, rentre dans le torrent circulatoire pour recommencer toujours son mouvement circulaire et porter la vie dans toutes les parties du corps.

Explication des mots. — LECTURES. **1.** Le fondent, se combinent avec lui. — **2.** Rendue liquide. — **3.** Couche plus ou moins épaisse qui forme l'enceinte des intestins. — LEÇONS DE CHOSES. **4.** Donne la vie, de la vigueur, de la force.

c'est mon *cœur* qui le fait marcher. C'est maman qui me l'a dit.

— Voilà un petit garçon qui sait bien des choses, vraiment. Bientôt, je n'aurai plus rien à lui apprendre.

Mais pendant que l'on bavardait de la sorte, le train marchait toujours. On commençait à voir devant soi dans la plaine toute une forêt de grandes cheminées. Bientôt on passa auprès d'une fabrique d'indienne[1], plus loin parut une distillerie[2], puis une fonderie. On sentait que la grande ville industrielle approchait.

Fig. 46. — On voyait devant soi la plaine hérissée de cheminées et couverte d'usines[4] de toutes espèces.

— Nous voici à Rouen dans un instant, fit M. Durand ; vous ferez bien de mettre vos chapeaux, mes enfants, et de ramasser vos petits paquets.

— Oh! quel bonheur, nous voici à Rouen, nous voici à Rouen, s'écria Georges en se frottant les mains. Puis, dans sa joie, il se mit à gambader[3] dans le wagon, et se livra à divers exercices de gymnastique peu appropriés à l'endroit.

— Savoir si Ernest et Berthe seront à la gare, dit il. J'espère bien que Berthe y sera toujours, pour lui donner ses petits verres.

Explication des mots. — LECTURES. 1. Étoffe de coton sur laquelle des dessins sont imprimés en couleur. — 2. Établissement où l'on distille les grains, les pommes de terre, etc. pour en retirer l'alcool. — 3. Sauter, danser, se réjouir. — LEÇONS DE CHOSES. 4. Fabriques importantes dans lesquelles on emploie beaucoup de machines.

— Alors on déballerait la malle à la gare pour les voir, dit M. Durand.

— Et puis on les porterait à la main jusque chez l'oncle Jules, de crainte de les casser, ajouta André malicieusement ; ce serait très commode.

Georges répliquait vivement quand, tout d'un coup, la machine siffla longuement et tout devint noir.

— Voilà bien notre dernier tunnel pour aujourd'hui, dit M. Collin, car nous sommes sous la ville ; là, au-dessus de nos têtes, sont les rues de Rouen.

En effet, quelques instants plus tard, on se trouva à ciel ouvert dans la gare de la rue Verte.

EXERCICES ORAUX OU ÉCRITS

1. Dites par quoi est broyée la viande introduite dans la bouche.
2. De quelle utilité est la salive?
3. Comment les aliments arrivent-ils de la bouche dans l'estomac?
4. Qu'est-ce que l'estomac?
5. Quelle est l'action du liquide de l'estomac sur les aliments?
6. Où passe ensuite la partie solide des aliments et qu'y devient-elle?
7. Le sang circule-t-il toujours?
8. Qui le fait marcher?

Questions sur les leçons de choses.

Fig. 44. — Quelle forme a l'estomac ? — A quoi ressemble-t-il ? — Par quel conduit les aliments y arrivent-ils ? — Avec quel suc se trouvent-ils en contact ? — Par quoi est sécrété le suc gastrique ? — Quelle transformation subissent les aliments?— **Fig. 45.** — Le sang circule-t-il continuellement ? — Par quoi cette circulation est-elle réglée ? — Quel rôle joue le cœur ? — A quoi équivaut chacun de ses battements ? — D'où part le sang ? — Où se rend-il ? — Comment se nomment les conduits par où il passe ?— Ces conduits augmentent-ils de volume en s'éloignant du cœur ? — Le sang a-t-il une action sur les organes qu'il parcourt ? — Comment est-il ramené au cœur ? — Dans quelle partie ? — Comment se nomment les canaux qui le ramènent? — Où le sang monte-t-il ensuite ? — Quelle action l'air a-t-il sur lui? — Quelle couleur avait-il en arrivant dans les poumons ? — De quelle couleur est-il en en sortant ? — Quelle partie du cœur regagne-t-il ensuite ? — Y reste-t-il?

Fig. 47. — Les colis furent lestement placés sur un petit omnibus de
famille.

DEUXIÈME PARTIE

—

ROUEN

XV (15)

Les cousins de Rouen.

En descendant de wagon, on aperçut l'oncle
Jules, la tante Estelle et Ernest, qui attendaient
derrière la petite barrière de la sortie. Ils exami-
naient avec anxiété[1] les voyageurs et jetaient de
temps en temps un regard inquiet du côté du train,
car notre petit groupe était tout à fait en arrière. Enfin
l'oncle Jules les aperçut : — Les voilà ! les voilà !
s'écria-t-il joyeusement.

— Hé oui, voilà l'invasion des barbares, dit
M. Durand, vois un peu le régiment que je vous
amène...

— Tant mieux, plus il y en a, mieux cela vaut,

Explication des mots. — 1. Avec angoisse, avec inquiétude.

dit la tante Estelle, en allant au-devant de sa belle-sœur pour la débarrasser de ses paquets. Nous avons bien de quoi vous caser. C'est grand-père qui va être content de voir tous ses petits-enfants! Mais sont-ils grands tous les trois! je ne les aurais pas reconnus. Intrigants, ils veulent nous rattraper, voyez-vous?

Et elle riait.

Qu'elle était bonne et gaie, la tante Estelle! Toujours active, s'occupant des autres, sans jamais penser à elle-même. Aussi tout le monde, grands et petits, aimait la tante Estelle.

Fig. 48. — La tante Estelle alla au devant de sa belle-sœur pour la débarrasser.

— Venez donc avec moi, vous autres, dit Ernest à ses cousins, nous allons mettre les paquets dans l'omnibus, je connais bien celui que papa a choisi.

C'était un grand garçon de dix ans, le cousin Ernest, vif, leste et quelque peu turbulent, mais intelligent et studieux[1].

— Où donc est la cousine Berthe? demanda Georges, un peu inquiet.

— Berthe est restée à la maison avec grand-père.

— Il est donc malade, grand-père?

— Non, il n'est pas malade; seulement elle ne voulait pas le laisser tout seul.

— Allons, allons, ôtez-vous de là, jeunes troupiers, on va charger les bagages, s'écria l'oncle Jules, qui arrivait avec un homme portant une grande malle sur son épaule.

Les colis[1] furent lestement en place; puis, une fois tout le monde installé, le cocher monta sur son siège, fit claquer bruyamment son fouet, et voilà l'omnibus parti au trot, faisant résonner le pavé et soulevant la poussière.

Comme tout le monde était gai! On riait, on bavardait, on faisait des projets! Comme on allait s'amuser et passer de bonnes vacances! Les papas et les mamans paraissaient aussi joyeux que les enfants.

EXERCICES ORAUX OU ÉCRITS

1. Racontez l'arrivée de la famille Durand à Rouen.

XVI (16)

Le grand-père.

Au bout d'un quart d'heure on arrivait devant la maison. Le grand-père était à la fenêtre, et une jolie blondinette de huit ans attendait sur le seuil de la porte. C'était la cousine Berthe, le petit rayon de soleil de son grand-père.

Qu'il était heureux le pauvre vieux grand-père, de voir tous ses enfants et petits-enfants autour de lui! Il les embrassa tendrement, prenant le petit Georges sur ses genoux pour écouter ses histoires d'enfant. C'était un bon et aimable vieillard avec des cheveux tout blancs, des yeux doux et vifs au

---

Explication des mots. — 1. Les malles, les caisses, les ballots.

milieu de mille petites rides, et un bon sourire.
Toujours bienveillant, toujours gai et alerte, malgré ses quatre-vingts ans.

— Allons, allons, à table, vous devez être morts
de faim, mes pauvres enfants, il est midi et demie,
dit la tante Estelle, lorsqu'enfin elle eût fait porter
les malles des voya-
geurs dans leurs cham-
bres respectives.

— Le fait est que
j'ai furieusement be-
soin de quelques pel-
letées de charbon, dit
tout bas François à son
cousin, çà ne fera pas
mal dans le paysage.

Fig. 49. — Qu'il était heureux le
vieux grand-père de voir tous ses enfants
et petits-enfants autour de lui.

—De quelques pel-
letées de charbon? répéta Ernest en ouvrant de
grands yeux.

— Hé oui! de quelques pelletées de charbon
pour remonter la machine, fit François en riant de
l'ébahissement[1] de son cousin. Vois un peu comme
elle est exténuée, cette pauvre machine, et il laissa
tomber ses bras et fit semblant de fléchir sur ses
jambes d'une façon si comique, que tous les enfants
partirent d'un grand éclat de rire.

Ils riaient encore lorsque M. Durand entra et
alla donner le bras au grand-père pour passer dans
la salle à manger.

Avec quel soin et quel amour il soutenait les pas

Explication des mots. — 1. Étonnement, surprise.

du vieillard! avec quel respect il écoutait ses moindres observations. Et, parmi les enfants, c'était à qui roulerait son fauteuil, à qui irait chercher ses lunettes ou sa canne, à qui s'empresserait pour lui rendre quelque petit service.

Ce soir-là les deux frères et François, qui couchaient dans la même chambre, causaient avant de s'endormir.

— Tout le monde ici est si gentil que je ne sais pas qui j'aime le mieux, disait François; et toi, André?

— Ni moi non plus, je les aime bien tous; mais as-tu remarqué comme tout le monde aime le grand-père, comme on se lève tout de suite pour lui donner la meilleure place quand il entre quelque

Fig. 50. — François laissa tomber ses bras et fit semblant de fléchir sur ses jambes d'une façon si comique que tous les enfants éclatèrent de rire.

part, même maman ou la tante Estelle, et comme papa ou l'oncle Jules vont toujours lui donner le bras pour l'aider à marcher?

— Mais oui, dit François, et puis tout le monde se tait quand il parle.

— Et tout cela n'est que juste, mes chers enfants, dit Mme Durand, qui venait embrasser sa petite nichée[1] avant de se coucher elle-même, et qui avait entendu.

Car autrefois, quand il était jeune et fort, votre grand-père a bien travaillé pour ses enfants,

---

comme nous travaillons pour vous aujourd'hui. Il a fait de grands sacrifices pour les élever, pour leur donner une bonne instruction ; car il n'était pas riche, votre bon grand-père, et il lui a fallu bien des journées de rude labeur[1] pour gagner la vie des siens. Il ne regardait pas à sa peine, il ne pensait pas à lui-même, mais à ses enfants, qu'il aimait mieux que lui-même ; et maintenant qu'il est vieux, qu'il ne peut plus travailler, ce sont eux qui travaillent pour lui. Ils sont heureux de lui rendre un peu de ce qu'il leur a donné quand ils étaient jeunes. Ce serait bien mal, n'est-ce pas, et bien ingrat d'oublier tout ce dévouement, et toute cette tendresse, et je suis sûr que mes petits garçons sentent combien les enfants doivent de respect, de reconnaissance et d'amour à leurs parents.

« Et maintenant mes chers petits, dormez.» Et la bonne maman embrassa tendrement ses petits trésors ; ce soir-là, elle embrassa deux fois François, l'orphelin.

EXERCICES ORAUX OU ÉCRITS

1. Dites la joie du grand-père en embrassant tous ses petits-enfants.

2. M. Durand avait-il raison d'être empressé auprès de son père?— En feriez vous autant que lui?

3. Racontez la conversation des enfants dans leur chambre et dites ce que vous en pensez.

4. Le grand-père méritait-il l'amour de ses enfants?

5. Devez-vous de la reconnaissance et de l'amour à vos parents?

Explication des mots. — **1.** Travail pénible et continuel.

XVII (17)

Le vote

Le lendemain matin, qui était un dimanche, un gai soleil éclairait la chambre de nos jeunes écoliers, et il n'était pas encore sept heures quand François s'éveilla. Il sauta lestement à bas de son lit et, courant vers André qui dormait toujours, le secoua fortement.

— Allons, André, vas-tu dormir toute la journée? Réveille-toi donc.

André se frotta les yeux :

— Quelle heure est-il? Est-ce que les autres sont levés? demanda-t-il.

— Mais oui, voilà Ernest dans la cour; il est en train d'arranger un bateau. Oh! le beau bateau, viens donc voir.

André fut aussitôt debout.

— Mais c'est un trois-mâts[1], comme mon *Jean-Bart* à Paris, cria François. Dépêche-toi de t'habiller et nous descendrons.

Leur toilette fut vivement expédiée[2], et les voilà partis comme deux étourneaux[3], laissant le petit Georges profondément endormi.

Ils étaient encore tout absorbés dans l'étude du bateau, lorsque la tante Estelle les appela pour déjeuner. Aussitôt après cet agréable exercice, l'oncle Jules mit son chapeau et se dirigea vers la porte.

Explication des mots. — 1. Navire dont la mâture est composée d'un beaupré et de trois mâts verticaux portant des hunes et des voiles carrées. — 2. Faite. — 3. Sansonnet, oiseau très commun dans les bois. Synonyme d'étourdi.

— Tu sors déjà? lui dit son fils.

— Oui, mon enfant, je vais à la mairie pour *voter*. Tu sais bien que nous avons un député à nommer aujourd'hui à Rouen. Au fait, voulez-vous venir avec moi, vous autres grands garçons?

Naturellement « ces autres grands garçons » ne demandaient pas mieux; chacun se dépêcha de mettre son chapeau, et la joyeuse bande se dirigea du côté de la mairie.

Leçons de choses

Fig 51. — Tout Français âgé de vingt-et-un ans qui n'a pas été condamné pour crime ou délit grave peut voter et non seulement peut, mais doit voter, car le devoir de tout bon citoyen est de ne pas s'abstenir.

— Est-ce que tout le monde peut voter? demanda François.

— Oui, mon enfant, *tout Français âgé de vingt et-un-ans* qui n'a pas été condamné pour crime[1] *peut voter*, et non seulement peut, mais *doit* voter, car c'est le devoir de tout bon citoyen.

— Pourquoi cela, mon oncle; car enfin qu'est-ce que ça peut vous faire que l'on choisisse un bon ou un mauvais *député?* Il ne vous fera vendre ni plus ni moins de coton. Moi, je trouve que cela ne vous fait rien du tout, et je ne vois pas pourquoi vous perdez votre temps pour aller voter.

— Ah! tu trouves que cela ne me fait rien qu'on

____

Explication des mots. — 1. Très grave infraction à la moral eou à la loi.

choisisse un bon ou un mauvais député ! Et qui est-ce qui fait nos *lois*[1], sinon les députés ? Ne penses-tu pas que si on envoie à la Chambre des hommes intelligents, instruits et patrio-

Leçons de choses.

Fig. 52. — CHAMBRE DES DÉPUTÉS. — **La Chambre des députés** siège dans le *palais du Corps législatif* qui porta jusqu'en 1818 le titre de **Palais-Bourbon**.

En 1796, on bâtit sur l'emplacement du principal corps de logis, une salle pour le conseil des Cinq-Cents[2]. Elle fut occupée par le Corps législatif sous le premier empire[3] et par la Chambre des députés sous la Restauration[4]. La salle actuelle fut achevée de bâtir en 1832 par de Joly, architecte. La façade sur le quai, que représente la figure, a été construite par Poyet, en 1808.

tes, on aura de bonnes lois et tout ira bien. Tandis que si l'on en nomme de mauvais, on aura de mauvaises lois, les affaires ne marcheront

Explication des mots. — LECTURES **1.** Ensemble des obligations qui sont imposées à tous les habitants d'un pays. — LEÇONS DE CHOSES. **2.** L'une des deux assemblées créées par la constitution de l'an III (1795). — **3.** Sous Napoléon Ier. — **4.** Nom donné à la période de 1814 à 1830 pendant laquelle régnèrent Louis XVIII et Charles X.

pas, et ceux qui n'auront pas voté n'auront pas le droit de se plaindre.

— C'est vrai, mon oncle, je n'avais pas pensé à cela.

— Mais si la loi vous semble mauvaise, il faut donc y obéir quand même? dit Ernest.

— Sans doute, mon garçon, *il faut toujours obéir à la loi,* sans quoi chacun agirait à sa façon, et cela ferait un beau gâchis[1]!

—Je comprends cela, mon oncle; mais si l'on nommait un mauvais député le croyant bon, pourrait-on le mettre à la porte quand on verrait qu'il fait de mauvaises lois? demanda André.

— Non, on ne le mettrait pas à la porte, comme tu dis assez peu poliment; pas tout de suite, du moins. Seulement *les députés ne sont élus que pour quatre ans.* Au bout de ce temps, on fait d'autres élections, et si l'on n'est pas content de son représentant, on en envoie un autre à sa place. Si, au contraire, on trouve qu'il a bien fait son devoir on peut parfaitement le renommer.

— Ah! voilà, c'est très commode comme ça. Moi, je croyais qu'une fois député, on restait député toute sa vie.

EXERCICES ORAUX OU ÉCRITS

1. Que fait-on pour nommer un député?
2. Tout le monde peut-il voter?
3. Est-ce un devoir de voter?
4. Pourquoi?
5. Qui fait les lois?
6. Doit-on obéir à toutes les lois?
7. Peut-on changer un député avant de nouvelles élections?
8. Pour combien d'années les députés sont-ils nommés?

Explication des mots. — **1.** Un beau désordre.

Questions sur les leçons de choses.

Fig. 51. — A quel âge un Français peut-il voter? — Le peut-il s'il a été condamné pour crime? — Doit-on voter? — Quel est le devoir de tout bon citoyen? — **Fig. 52.** — Où siège la Chambre des députés? — Quel nom le palais du Corps législatif porta-t-il jusqu'en 1818? — En quelle année bâtit-on une salle pour le Conseil des Cinq-Cents? — Qui l'occupa sous le premier empire? — Sous la Restauration? — En quelle année la construction de la salle actuelle fut-elle achevée? — Quel en fut l'architecte? — Par qui fut construite la façade sur le quai? — En quelle année?

XVIII (18)

Les sénateurs. — Le vote.

A ce moment, une voiture tourna le coin de la rue. Le cheval marchait au pas, un vieux monsieur, assis au fond de la voiture, lisait tranquillement son journal. Arrivé auprès de notre petit groupe, il leva la tête et, apercevant M. Durand, le salua.

— Quel est ce monsieur? demanda Ernest.

— C'est M. Bontoux, notre *sénateur*, un homme bien respectable[1], répondit son père.

— Tiens, je voulais justement te demander ce que faisaient les sénateurs, puisque ce sont les députés qui font les lois, dit François.

— J'aurais dû vous dire, mes enfants, que les *députés* ne font pas les lois tout seuls; ils sont aidés par les *sénateurs*, et aucune proposition ne peut devenir loi, sans être votée par les deux Chambres. Il faut que le Sénat en soit content et l'accepte aussi bien que la Chambre des députés, sans quoi il n'y a rien de fait.

Explication des mots. — **1.** Qui mérite le respect, l'estime, la considération de tout le monde.

— Est-ce que les sénateurs, sont élus pour quatre ans seulement, comme les députés?

— Non, mon enfant, *les sénateurs sont élus pour neuf ans* et ils ne sont pas élus par tout le monde, par le *suffrage universel*, comme les députés, mais

Leçons de choses.

Fig. 53. — Palais du Sénat. — Le Sénat occupe le *Palais du Luxembourg* que Marie de Médicis[1] fit construire par l'architecte[2] Jacques Debrosse. Les travaux commencés en 1615 furent terminés en 1620. Le Luxembourg fut habité par différents princes et devint propriété nationale à la Révolution[3]; converti en prison pendant la terreur[4], il redevint palais pour le *Directoire exécutif*[5] en 1795; il est affecté au Sénat depuis 1852.

par des personnes que nomment exprès les *conseillers municipaux* de chaque commune.

Sans doute François trouva l'explication trop compliquée, car il ne demanda plus rien et se mit à tenir sa canne en équilibre, toute droite, sur le bout de son doigt.

Explication des mots. — Leçons de choses. **1.** Reine de France, femme de Henri IV (1573-1642) — **2.** Maître en l'art de bâtir, qui trace les plans et surveille l'exécution des constructions. — **3.** La Révolution de 1789. — **4.** Époque de la révolution française comprise entre le 31 mai 1793 et le 27 juillet 1794. — **5.** Corps composé de cinq membres qui étaient délégués au pouvoir exécutif par la Constitution de l'an III (1795).

Sur ces entrefaites, on était arrivé à la mairie et l'oncle Jules entra pour voter.

— Qu'est-ce qu'on fait quand on vote? Comment s'arrange-t-on? demanda André lorsque l'oncle fut revenu.

Leçons de choses.

Fig. 84.— Le Vote.— Le vote est personnel c'est-à-dire qu'un citoyen doit voter lui même et ne peut, en aucun cas, charger un autre citoyen de le faire pour lui. L'électeur prépare son bulletin sur lequel il inscrit le nom ou les noms des personnes de son choix ; il dit son *nom* au maire en lui donnant sa *carte d'électeur*[1], puis il lui remet son *bulletin de vote* plié. Le maire introduit ce bulletin dans une boîte spéciale appelée *urne*, coupe l'un des coins de la carte électorale et la remet à l'électeur à qui elle resservira en cas de *second tour de scrutin*. Le coin qui a été coupé est conservé pour servir de contrôle; il doit y avoir autant de bulletins dans l'urne qu'il a été coupé de coins.

— Eh bien, voici comment les choses se passent. On commence par dire son nom, alors quelqu'un qui est là exprès cherche sur une grande liste où sont inscrits les *noms de tous les électeurs* et quand il arrive au vôtre il fait une marque en face pour que

Explication des mots. —Leçons de choses. **1.** Feuille délivrée par la mairie et qui constate la qualité de l'électeur.

vous ne puissiez pas voter deux fois. Cela fait, l'électeur donne au *maire* un morceau de papier blanc sur lequel il a écrit à l'avance le nom de celui qu'il a choisi, le nom de son *candidat*, comme on dit. Le maire prend ce papier, qu'on appelle *bulletin de vote*, et le met dans une boîte faite exprès. Le soir on ouvre cette boîte et on compte les bulletins. Naturellement celui des candidats dont le nom a été écrit sur le plus de bulletins est *élu*. Vous voyez que ce n'est pas bien compliqué.

EXERCICES ORAUX OU ÉCRITS

1. Les députés sont-ils seuls pour faire les lois?
2. Que faut-il pour qu'une proposition devienne loi?
3. Pour combien d'années sont élus les sénateurs?
4. Par qui sont-ils élus?
5. Comment s'y prend-on pour voter?
6. Qu'est-ce qu'un électeur?
7. Qu'un candidat?
8. Qu'un bulletin de vote?
9. Quel est le candidat élu?

Questions sur les leçons de choses.

Fig. 53. — Quel palais le Sénat occupe-t-il? — Qui le fit construire? — Quel en fut l'architecte? — Quand furent commencés les travaux? — Quand furent-ils terminés? — Que devint le Palais du Luxembourg à la Révolution? — Pendant la Terreur? — En 1795? — Depuis quelle année est-il affecté au Sénat? — **Fig. 54.** — Le vote est-il personnel? — Un électeur peut-il charger un autre citoyen de voter pour lui? — Qu'inscrit l'électeur sur son bulletin de vote? — Que dit-il au maire? — Que lui donne-t-il? — Comment lui remet-il son bulletin de vote? — Que fait le maire de ce bulletin? — Comment se nomme la boîte où il l'introduit? — Que fait-il à la carte électorale? — A quoi resservira-t-elle? — A quoi sert de couper un coin de la carte? — Combien doit-il y avoir de bulletins dans l'urne?

XIX (19)

L'heure.

Au lieu de rentrer tout droit, nos jeunes voya-

geurs se promenèrent un peu à droite et à gauche, regardant ceci et cela, si bien qu'ils lais-
sèrent passer tout doucement l'heu-
re du déjeuner, et qu'à la fin il fallut prendre le pas de course afin de ne pas arriver trop en re-
tard, ce qui eût inquiété la bonne tante Estelle.

L'après-midi, à la requête de Berthe, on alla voir la *grosse hor-*
loge avec ses deux grandes cloches tout en haut de la tour, et, ce qui charmait surtout

Leçons de choses.

Fig. 55. — LA GROSSE HORLOGE A ROUEN.
— La tour de la grosse horloge, bâtie en 1389, était une annexe de l'ancienne maison de ville à laquelle elle fut reliée en 1511. Elle n'offre rien de bien remarquable par elle-même, c'est un bâtiment *gothique*[1] massif et carré, percé de grandes fenêtres en *ogive*[2] et terminé par une plate-forme à laquelle on monte par un escalier tournant pour voir *l'horloge* achevée en 1447, et la *cloche d'ar-*
gent qui sonne pour les fêtes, pour les incen-
dies, et le *couvre-feu*[3] tous les soirs de neuf heures à neuf heures un quart.

la petite fille, ses belles sculptures représentant un berger au milieu de ses brebis. Juste comme ils admiraient tout cela, l'horloge sonna trois heures.

— Eh bien, dit M. Durand, ma montre marque trois heures six minutes, et je l'ai bien réglée

---

Explication des mots. — LEÇONS DE CHOSES. **1.** Du moyen âge. — **2.** Nom donné dans l'architecture gothique à des courbures saillantes. — **3.** Sonnerie de cloche qui marque l'heure de rentrer chez soi et d'éteindre feu et lumière. C'est un vieil usage auquel on n'est plus tenu de se conformer.

en quittant Paris. Est-ce sa faute si elle avance ainsi, maître Ernest?

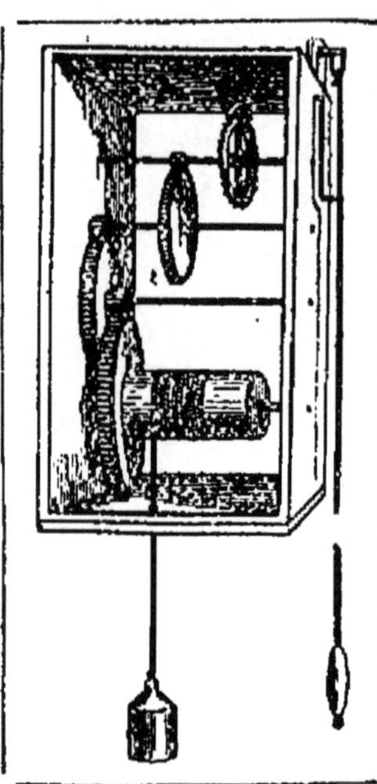

Leçons de choses.

Fig. 56. — Horloge. — Les horloges communes sont celles qui présentent la construction la plus simple; leur *moteur*[1] consiste en un poids placé au bout d'une corde qui s'enroule autour d'un cylindre appelé *tambour* ou *barillet*; une roue *dentée*[2] fixée au barillet tourne avec lui et s'engrène[3] avec les autres roues dentées qui font marcher les aiguilles. Le rôle du *balancier*[4] consiste à régulariser la descente du poids fixé au bout de la corde.

— Non, mon oncle, il est déjà trois heures passées à Paris, puisque Paris est à l'est de Rouen, répondit Ernest.

— Très bien. Et pourrais-tu m'expliquer cette différence d'heure?

— Mais c'est tout naturel, puisque le soleil vient de l'*est* à l'*ouest*, il se lève plus tard pour Rouen que pour Paris.

— Et il passe plus tard au milieu du ciel, à midi. Allons, c'est bien, quoiqu'il y ait encore beaucoup à ajouter pour tout expliquer complètement.

— Alors, quand on voyage, il faut tout le temps changer l'heure de sa montre? dit François.

— Mais bien sûr, dit son cousin, c'est-à-dire si on va de l'*est* à l'*ouest* ou de l'*ouest* à l'*est*. Si on va tout droit du *nord* au *sud*, naturellement l'heure ne change pas.

— Et maintenant, dépêchons-nous ; car voilà la tante Estelle tout en bas qui nous appelle.

Après la grosse horloge, on alla visiter le *Palais de Justice* et d'autres monuments[1] et on regarda en

Leçons de choses.

Fig. 57 — PALAIS DE JUSTICE DE ROUEN. — Le Palais de Justice est un magnifique monument de la Renaissance[2] du style gothique flamboyant[3]. L'architecte **Roger Ango** le construisit sous la direction du *cardinal d'Amboise*[4] et à l'instigation de *Louis XII*[5] qui voulait y loger la cour souveraine appelée « *Echiquier* de Normandie ». L'aile gauche du monument fut bâtie en 1493, le corps de logis principal fut commencé en 1499 et l'aile droite a été construite en 1852 dans le style des autres bâtiments.

passant, la statue de notre chère et glorieuse *Jeanne Darc*. Il y a tant de choses, belles et intéressantes, dans cette grande ville de Rouen !

Ce soir-là, on n'eût pas besoin d'insister, pour

Explication des mots. — LECTURES. **1.** Construction imposante par sa beauté, sa grandeur, son ancienneté. — LEÇONS DE CHOSES. **2.** Période comprise entre le milieu du XVe siècle et le milieu du XVIe siècle. — **3.** Architecture gothique qui emploie des ornements contournés en forme de flamme. — **4.** Ministre de Louis XII (1460-1510). — **5.** Roi de France (1442-1515).   5.

faire coucher les enfants de bonne heure. Le petit Georges tombait de sommeil, ainsi que la cousine Berthe; les grands garçons, eux-mêmes, beaucoup trop dignes pour avouer une pareille faiblesse, n'étaient pas fâchés de retrouver leur lit. D'ailleurs, il fallait être debout de bon matin le lendemain, car l'oncle Jules, qui était contre-maître dans une grande filature[1] de coton, avait promis d'emmener les enfants avec lui, et comme Ernest avait dit à ses petits cousins que c'était très amusant de voir la rentrée des ouvriers, il était convenu qu'on partirait à six heures et demie.

— Départ de la maison à six heures et demie, heure militaire, entendez-vous, jeunes gens, leur avait crié l'oncle Jules, comme ils montaient l'escalier pour se rendre à leur chambre.

— Oui, oui, mon oncle, nous y serons.

Et, en effet, au moment du départ, personne ne manqua à l'appel.

EXERCICES ORAUX OU ÉCRITS

1. Décrivez la grosse horloge de Rouen.
2. Pourquoi l'heure de Rouen est-elle en retard sur l'heure de Paris?
3. Le soleil se lève-t-il en même temps à Rouen et à Paris?
4. Faut-il changer l'heure de sa montre quand on voyage?
5. Existe-t-il les mêmes changements lorsque l'on va du nord au sud?
6. Pourquoi Rouen possède-t-il une statue de Jeanne Darc?

Questions sur les leçons de choses.

Fig. 55. — En quelle année fut bâtie la tour de la grosse horloge? — Décrivez-là d'après la gravure et les explications placées dessous. — En quelle année l'horloge fut-elle achevée? — Que voit-on lorsque l'on monte sur la plate-forme? — A quoi sert la cloche d'argent? — **Fig. 56.** — En quoi consiste le moteur d'une horloge? — Qu'est-ce que le tambour ou barillet? — Que fait la roue dentée fixée au

---

Explication des mots. — 1. Usine où l'on transforme le coton en fil, au moyen de procédés mécaniques.

barillet? — De quelle utilité est le balancier? — **Fig. 57.** — De quelle époque est le Palais de justice de Rouen? — De quel style? — Comment s'appelait l'architecte? — Sous la direction de qui travaillait-il? — Qui en fut l'instigateur? — En quelle année l'aile gauche fut-elle commencée? — Le corps de logis principal? — L'aile droite?

XX (20)

Le coton. — La filature.

— Bien entendu, mes enfants, vous savez tous ce que c'est que le *coton* que nous allons voir filer[1], dit l'oncle Jules une fois en chemin.

— Le *coton* est une espèce de duvet[2] qu'on trouve dans la gousse[3] d'une plante, dit André.

—Parfaitement; une gousse dans laquelle il y a une vingtaine de petites graines douillettement enveloppées dans une jolie ouate[4] blanche qui n'est autre chose que le coton.

Leçons de choses.

Fig. 58.— Le Coton.— Le cotonnier est une plante cultivée principalement dans l'Amérique du Nord, l'Amérique centrale, le Brésil, l'Afrique, l'Égypte[5] et l'Inde, et qui selon les pays et les espèces atteint 6 mètres de hauteur. Le fruit consiste en une capsule appelée *coque* ou *gousse* contenant des graines enveloppées dans un duvet fin et soyeux qui est le **coton**.

— Alors, on cueille ces gousses et on les ouvre pour avoir le duvet, dit Georges.

Explication des mots. — LECTURES. **1.** Action de tordre ensemble des brins de coton pour en faire du fil. — **2.** Poils légers et très fins. — **3.** Enveloppe des graines de certaines plantes.— **4.** Filaments fins et déliés. — LEÇONS DE CHOSES. **5** Contrée de l'Afrique, traversée par le Nil, capitale Le Caire.

— Non, mon enfant, quand elles sont mûres, elles s'ouvrent toutes seules et laissent sortir une belle touffe blanche. C'est alors qu'on les cueille, puis on épluche les grains pour les séparer du duvet que l'on entasse très très serré dans de grands sacs ou *balles*, et c'est comme cela qu'il nous arrive. Tout à l'heure je te montrerai ce que c'est que du *coton en balles*.

En arrivant à l'usine, où tout était encore tranquille, l'oncle Jules fit voir aux enfants de grandes machines avec des cylindres, des poulies[1], des courroies[2], mais tout cela immobile et silencieux.

Fig. 69. — A sept heures une grande cloche se met à sonner, et voilà les ouvriers qui arrivent de tous côtés.

A sept heures, une grande cloche se met à sonner, et voilà les ouvriers qui arrivent de tous côtés. En deux ou trois minutes, la cour est remplie de monde; hommes, femmes et enfants s'entre-croisent. On se dit bonjour en passant, une mère embrasse son garçonnet qui va travailler tout à l'autre bout de l'usine, puis chacun se hâte de gagner son atelier respectif.

—- Venez avec moi, mes enfants, nous commencerons notre visite par le magasin, dit l'oncle Jules, en les menant dans un vaste hangar, où étaient empilés de grands sacs de coton.

Explication des mots. — 1. Roue de métal placée sur un arbre de transmission et sur laquelle passent les courroies. — 2. Longues bandes de cuir ou d'étoffe spéciale qui servent à communiquer à une machine, le mouvement d'un arbre.

— Ah ! voilà des *balles de coton*, dit André.

— Oui, voilà des balles de coton, qui ont voyagé encore plus que vous, messieurs les Parisiens. Celles-ci, près de nous, viennent du Brésil, et celles qui sont au fond, viennent de l'Inde. Ce sont, du reste les deux pays qui nous en envoient le plus, avec les États-Unis[1] et l'Égypte.

— Eh bien, il est joliment sale, votre coton, dit François en tirant une poignée d'un sac entr'ouvert.

— Et voilà précisément pourquoi notre premier soin sera de le nettoyer ; ainsi aussitôt le sac défait, on commence la toilette du coton par ce qu'on appelle le *battage*, qui non seulement le nettoie, mais qui lui rend la souplesse qu'il a perdue, à force d'avoir été serré pendant si longtemps. Autrefois, le battage consistait tout simplement à battre le coton sur une claie[2] avec deux baguettes, mais aujourd'hui cela se fait avec des machines que nous allons voir. Tenez les

Leçons de choses.

Fig. 60. — Batteurs éplucheurs et batteurs étaleurs. — Le battage a pour but de débarrasser le coton, des graines, poussière et matières étrangères qu'il contient et de rendre aux filaments l'élasticité qu'ils ont perdue par la compression dans les balles. Le coton sort du batteur étaleur en grandes nappes[3] qui sont prêtes à passer sous la machine à carder

---

Explication des mots. — Lectures. **1.** République de l'Amérique du Nord. Le gouvernement siège à Washington. — **2.** Espèce de treillage en osier. — Leçons de choses. **3.** En larges bandes ayant l'apparence d'une pièce d'étoffe.

voilà, fit-il en entrant dans un grand atelier, elles sont déjà à la besogne. Voici d'abord les *batteurs éplucheurs*, et là-bas, les *batteurs étaleurs*. Vous voyez, en effet, que le coton sort de là, tout étalé comme une grande nappe.

— Ainsi, voilà toilette n° 1, fit François.

Leçons de choses.

Fig. 61 — Machine a carder. — Après avoir passé sous les *batteurs étaleurs* le coton en nappe est amené sous la **machine à carder** qui est composée de plusieurs cylindres munis de cardes et de rouleaux cannelés[2] qui pressent sur le coton et l'amènent à la machine d'une façon continue; il en sort sous la forme d'un ruban sans fin qui passe encore aux *machines à étirer* avant d'arriver au *métier à filer*.

— Précisément, dit son oncle, et maintenant passons à toilette n° 2 qui sera le *cardage*.

Vous avez tous vu *carder* des matelas, je suppose, et vous savez que les cardeuses se servent de deux raquettes[1] carrées, toutes hérissées de petites pointes entre lesquelles elles font passer et repasser la laine, parce que le *battage* (car elles aussi commencent par battre leur laine), le battage, dis-je, n'a pas suffi pour la desserrer, pour la faire revenir et la détordre complètement. Eh bien! dans nos filatures cette besogne est faite par ces grandes *machines à carder* que voilà, et vous allez voir qu'en sortant de là le coton sera, non plus en nappe, mais en longs rubans. Et voilà toilette n° 2, comme dit François.

— De jolies toilettes franchement! fit François.

Leçons de choses.

Fig. 82. — Métier a filer Mull-Jenny. — Ce métier fut inventé en 1775 par *Samuel Crampton*. Il a reçu depuis de nombreux perfectionnements qui eurent tous pour but d'augmenter la production.

D'abord battu, ensuite déchiré, pauvre coton, qu'est-ce qu'on va bien lui faire maintenant?

— Maintenant, on va prendre ces longs rubans, plusieurs ensemble, pour les *étirer*[1] bien comme il faut dans des machines faites exprès, après quoi ils arriveront aux *métiers à filer.*

— Allons voir ces métiers! — Et l'oncle Jules fit passer sa jeune bande dans un grand atelier

---

Explication des mots. — 1. Allonger, tirer, étendre.

rempli de métiers, d'où le coton sort à l'état de fil enroulé sur des bobines[1].—Voilà bien sa dernière toilette, dit-il, avant d'être envoyé au *tissage* pour devenir de l'étoffe. Ainsi *battage*, 1; *cardage*, 2; *étirage*, 3; *filage*, 4; fit-il en comptant sur ses doigts: voilà ce qui se fait chez nous dans une filature.

Les enfants restèrent longtemps à regarder toutes ces machines qui tournaient, ces courroies de cuir et ces tiges de fer qui se croisaient et tourbillonnaient avec un bruit étourdissant.

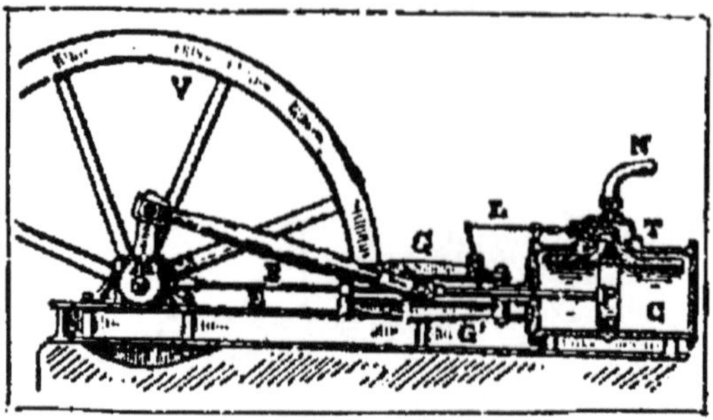

Leçons de choses.

Fig. 63. — Machine à vapeur horizontale. — Les chaudières donnent la vapeur, les **machines à vapeur** qui sont mises en mouvement par elles donnent la *force motrice*, autrement dit, ce sont elles qui, dans une filature, par exemple, font tourner les cylindres, font mouvoir les cardes et les métiers à filer. Leur fonctionnement est plus ou moins simple. Dans la machine ci-dessus, la vapeur arrive de la chaudière par le *tuyau* (**N**) en passant par le *tiroir* (**T**) dans le *cylindre* (**C**) où joue le *piston* (**P**). Le tiroir au moyen du *levier* (**L**) qui s'articule sur l'*excentrique* (**E**) fait arriver la vapeur tantôt en avant, tantôt en arrière du piston et lui fait exécuter un continuel mouvement de va et vient; la *bielle* (**B**) fixée à la tige du piston et articulée à son extrémité sur la *manivelle* (**M**) communique un mouvement de rotation[2] à l'*arbre de transmission* qui passe par son axe et auquel le *volant* (**V**) donne plus de force encore par son poids. Les lettres (**G**, **G'**) indiquent les *guides* qui maintiennent le piston dans une position horizontale.

étourdissant.

— A quoi penses-tu mon petit Georges? fit l'oncle Jules en le voyant tout seul dans un coin, ton frère et tes cousins sont tout là-bas.

— Je pensais, fit l'enfant, en suivant des yeux les bobines qui allaient et venaient, que tout à l'heure quand nous sommes arrivés il n'y avait pas de bruit, et toutes ces machines-là ne bougeaient pas ; alors je me demandais si c'était encore la vapeur qui les faisait marcher, comme le chemin de fer.

— Oui, mon enfant, c'est la vapeur, notre grande et puissante amie la vapeur, qui fait tant de choses merveilleuses.

Juste à ce moment un ouvrier vint chercher l'oncle Jules pour quelque chose qui ne marchait pas bien, et Georges alla retrouver ses petits camarades.

EXERCICES ORAUX OU ÉCRITS

1. Qu'est-ce que le coton?
2. A quoi reconnaît-on que le coton est mûr?
3. Dites ce que c'est qu'une balle.
4. Dites les noms des pays qui produisent du coton.
5. Dans quelle partie du monde se trouvent : l'Inde, les États-Unis, l'Égypte?
6. Qu'est-ce que le battage et à quoi sert-il?
7. Qu'est-ce que le cardage et comment s'opère ce travail?
8. Que fait-on du coton en rubans qui sort des machines à carder?
9. Dans quel état le coton sort-il des machines à filer?
10. Résumez les quatre opérations qui constituent le travail du filateur.
11. Qu'est-ce qui fait mouvoir tous ces métiers?

Questions sur les leçons de choses.

Fig. 58. — Qu'est-ce que le cotonnier ? — Dans quels pays est-il surtout cultivé ? — Quelle hauteur peut-il atteindre ? — En quoi consiste le fruit ? — Comment l'appelle-t-on ? — Qu'est-ce que le coton? **Fig. 60.** — Pourquoi bat-on le coton ? — Y a-t-il plusieurs sortes de batteurs ? — Comment le coton sort-il du batteur étaleur ? — **Fig. 61.** — Où le coton en nappe est-il amené ? — De quoi est composée la machine à carder? — Dans quel état le coton en sort-il? — **Fig. 62.** — En quelle année le métier Mull-Jenny fut-il inventé? — Par qui ? — A-t-il reçu des perfectionnements depuis? — Dans quel but? — **Fig. 63.** — Que donnent les chaudières ? — Par quoi les machines à vapeur sont-elles mises en mouvement ? — Qu'est-ce que la force motrice ? — En regardant la figure 63 dites par où arrive la vapeur. — Où passe-t-elle ? — Dans quelle partie de la machine pénètre-t-elle ? — Quel organe joue dans le cylindre? — Sur quoi s'articule le levier du tiroir ? — A quoi sert-il ? — Quel mouvement effectue le piston ? — Où la bielle est-elle fixée à ses deux extrémités? — A quoi sert la manivelle ? — Où passe l'arbre de transmission ? — Quelle est l'utilité du volant? — A quoi servent les guides du piston? — D'après ce qui précède, expliquez à votre manière le fonctionnement de la machine.

XXI (21)

Le tissage.

Lorsque enfin l'oncle réapparut au bout de l'atelier, André courut au-devant de lui.

— Comment fait-on pour fabriquer de l'étoffe avec tout ce fil ? demanda-t-il.

— Ah ! dit l'oncle, j'espère vous mener voir cela un de ces jours, mais en attendant voici en deux mots comment on s'y prend pour *tisser*.

— On commence par dévider un certain nombre de ces bobines que tu vois là, mais de façon à ce que les fils se mettent bien parallèlement, alignés les uns à côté des autres. Naturellement plus on veut que l'étoffe soit large, plus on prend de fils ; alors on les

Leçons de choses.

Fig. 64 — MÉTIER DE TISSERAND. — Le **tisserand** assis à son banc pose le pied sur une pédale[1], voilà les *fils pairs* qui se lèvent et les *fils impairs* qui s'abaissent ; vite il lance, de gauche à droite, sa *navette* qui porte le fil de la trame, et une rangée de la trame est faite. Posant ensuite l'autre pied sur une autre pédale voilà les *fils impairs* qui se lèvent et les *fils pairs* qui s'abaissent, il relance encore sa navette, et voilà faite une seconde rangée de la trame.

La **navette** (voir au dessus du métier) est un morceau de bois étroit, de 20 centimètres de longueur, terminé par deux cônes. Une petite bobine appelée *canette*, chargée du fil de trame est placée dans un trou existant au milieu de la navette. Le dessous est garni de deux petits galets[2] destinés à faciliter le mouvement et à diminuer les frottements.

tend en longueur sur le *métier du tisserand*.

Explication des mots. — LEÇONS DE CHOSES. **1.** Planchette ou barre de bois qui se trouve sous le métier, à portée du pied du tisserand. — **2.** Petits cylindres de métal qui remplissent l'office de roues.

Ce sont ces fils tendus en long qui forment ce qu'on appelle la *chaîn*. Maintenant, suppose que tu numérotes ces fils en allant d'un bord, ou comme on dit, d'une *lisière* à l'autre, les uns seront *pairs* et les autres *impairs* n'est-ce pas?

— Oui mon oncle, bien entendu.

— Eh bien, le tisserand, assis devant son métier, pose le pied sur une pédale et voilà les numéros pairs qui se lèvent et les impairs qui s'abaissent : vite, il lance de droite à gauche, sa *navette* qui porte le fil de la *trame* et une rangée de la trame est faite. Posant ensuite l'autre pied sur une autre pédale, voilà les impairs qui se lèvent cette fois, et les pairs qui s'abaissent : vite, encore il relance sa navette, et voilà une seconde rangée de la trame, et toujours ainsi jusqu'à ce que tout soit garni. As-tu compris?

— Oui mon oncle, très bien, et je te remercie.

— Après le *tissage*, reprit l'oncle, vient le *blanchiment* [1]; puis quelquefois la *teinture* [2], et enfin *l'impression* [3], qui reproduit sur nos étoffes toutes sortes de jolis dessins. Cette industrie d'impression sur étoffe est même très importante. Ici à Rouen nos *indiennes* [4] sont célèbres pour la beauté de leurs dessins.

— C'est égal, en voilà des cérémonies avec ce malheureux coton avant qu'il soit une étoffe à dessins, dit François!

Explication des mots. — **1.** Opération qui a pour but de nettoyer, de blanchir les tissus. — **2.** La teinture consiste à donner une couleur quelconque aux tissus en les trempant dans des bains préparés pour cet usage. — **3.** Report sur une étoffe de dessins noirs ou de couleur. — **4.** Étoffe de coton avec dessins imprimés dont Rouen fabrique une grande quantité.

EXERCICES ORAUX OU ÉCRITS

1. Que commence-t-on à faire pour tisser?
2. Qu'est-ce que la chaîne?
3. Que la lisière?
4. Que fait le tisserand une fois assis devant son métier?
5. Qu'est-ce que la trame?
6. A quelles préparations soumet-on encore les tissus à la sortie du tissage?
7. Comment appelez-vous les étoffes rouennaises célèbres pour la beauté de leurs dessins?

Questions sur les leçons de choses.

Fig. 64. — Quand le tisserand appuie sur la pédale de son métier et que les fils pairs se lèvent, que font les fils impairs? — Que fait-il alors? — Que porte la navette? — De combien de rangées de trame le tissu est-il augmenté après chaque coup de navette? — Qu'est-ce que la navette? — Quelle longueur a-t-elle? — Comment se termine-t-elle à ses deux bouts? — Qu'est-ce qu'une canette? — Où est-elle placée? — De quoi est-elle chargée? — A quoi servent les galets placés sous la navette? — A quoi sert la navette?

XXII (22)

Le chanvre et le lin.

— Oui, n'est-ce pas, c'est après de nombreuses transformations que le coton est imprimé? mais si nous avions eu du lin ou du chanvre au lieu de coton, tu en aurais vu bien d'autres. Le coton sort de sa gousse tout prêt pour la filature, tandis que le lin et le chanvre ont besoin de préparations longues et pénibles avant d'en arriver là.

— Ils n'ont pas à voyager par exemple, comme le coton, dit Ernest.

— Non, puisque tous deux poussent dans nos pays, reprit son père, et notamment par ici, dans le nord de la France.

— Et comment les prépare-t-on pour la filature?
demanda André.

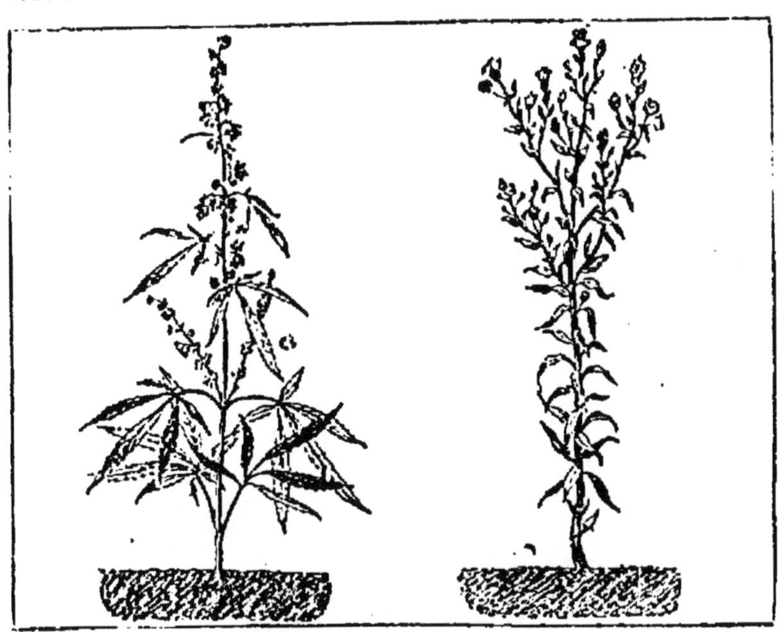

Leçons de choses.

Fig. 65. — Le Chanvre. —
Le Chanvre est une plante
textile[1] qui est l'objet d'une
grande culture dans tous les
pays tempérés. Ses graines appelées *chènevis*, servent à fabriquer de l'huile et à nourrir la
volaille.

Leçons de choses.

Fig. 66. — Le Lin. — Le
lin commun est cultivé à cause
des fibres textiles de son écorce.
Sa petite fleur bleue est appré-
ciée pour nos jardins. Sa graine
est employée en pharmacie; on
en retire une huile très utilisée
dans les arts.

— Quand la plante est mûre on la laisse
sécher. Mais tu sais, ou peut-être tu ne sais pas,
que la tige de ces deux plantes se compose de
longs fils qui sont retenus ensemble par une
espèce de gomme. Si on essayait de les séparer
à sec on briserait tout, aussi on n'essaye pas;
on met les tiges dans l'eau et on les y laisse
pendant deux ou trois semaines jusqu'à ce que

Explication des mots. — Leçons de choses. **1**. Qui peut
être tissée, qui fournit une matière propre au tissage.

toute la gomme soit fondue ou pourrie. C'est ce qu'on appelle *rouir* le chanvre ou le lin; voilà le *rouissage*.

— Ah! oui, s'écria André, j'ai vu l'an dernier

Leçons de choses.

Fig. 67. — LE ROUISSAGE. — Pour séparer les fibres textiles de la tige on fait rouir le *chanvre* et le *lin*. Cette opération consiste à faire macérer dans l'eau des gerbes de ces deux plantes. Après une macération[1] de 7 à 15 jours la gomme qui réunissait les filaments entre eux se fond ou se corrompt.

du chanvre dans une mare; il sentait même bien mauvais!

— Oui, mon enfant; aussi l'on défend de mettre le chanvre rouir dans les ruisseaux, parce qu'il infecte l'eau et tue les poissons.

Quand le chanvre est roui et séché, on le *teille*, c'est-à-dire qu'on sépare les fils utilisables d'avec

Explication des mots. — LEÇONS DE CHOSES. **1.** Séjour dans l'eau, mise en contact avec l'eau.

le reste de la tige. Ce qu'on garde est doux au toucher et facile à tordre, c'est la *filasse*.

La filasse est alors mise en bottes et expédiée aux filatures. Là, elle subit toutes les préparations dont je vous ai parlé à propos du coton.

— Tiens ! voici papa et maman avec la cousine Berthe, s'écria Georges en disparaissant subitement du côté de la porte.

— Je crois qu'il rêve, mon pauvre cousin, fit François tout en le suivant, car je n'ai vu personne.

Mais Georges ne rêvait pas du tout. M. et Mme Durand étaient

Leçons de choses.

Fig. 68. — MACHINE A TEILLER. — Le teillage consiste à séparer les fils utilisables du lin et du chanvre de l'écorce et de la tige, après le *rouissage*.

Cette opération se pratique à la main ou avec des machines de plusieurs systèmes, en forme de *mâchoires*, de *rouleaux cannelés*, ou bien comme celle que nous représentons.

bien là avec la petite cousine.

— Eh bien, mes enfants êtes-vous bien ferrés[1] sur l'histoire du coton maintenant, dit M. Durand.

— Oh! oui mon oncle, nous sommes de première force dit François! Tu vas voir : — *battage, cardage, étirage, filage*, voilà pour la filature ; et puis *tissage, blanchiment, teinture* et im-

---

pression pour le reste. Ah! ai-je bien retenu ma leçon? fit-il en croisant les bras, et hochant la tête d'un petit air très satisfait.

— Mais oui, mon enfant; je vois que tu as profité de la visite; aussi pour la peine je vais t'emmener avec moi, voir la *fonderie* de mon vieil ami M. Reboulleau. Qu'est-ce qui vient avec nous?

— Moi! moi! moi! s'écrièrent-ils tous.

EXERCICES ORAUX OU ÉCRITS

1. Dites où poussent le lin et le chanvre.
2. Que fait-on quand la plante est mûre?
3. De quoi se compose la tige?
4. Décrivez le rouissage.
5. Est-il défendu de faire rouir dans les ruisseaux? Pourquoi?
6. Qu'est-ce que teiller le chanvre?
7. Qu'est-ce que la filasse?
8. Que fait-on de la filasse?

Questions sur les leçons de choses.

Fig. 65. — Qu'est ce que le chanvre? — Dans quels pays est-il beaucoup cultivé? — A quoi servent ses graines? — **Fig. 66.** — Qu'est-ce que le lin? — De quelle utilité est-il? — Quelle couleur a sa fleur? — Que retire-t-on de sa graine? — Est-elle employée en pharmacie? — Savez-vous à quel usage? — **Fig. 67.** — Quelle opération fait-on subir au chanvre et au lin pour en séparer les fibres textiles? — En quoi consiste-t-elle? — Combien de temps dure-t-elle? — Que devient la gomme qui réunissait les filaments? — **Fig. 68.** — Qu'est-ce que le teillage? — Pourquoi le fait-on? — Comment cette opération se pratique-t-elle? — Y a-t-il plusieurs systèmes de machines?

XXIII (23)

Un peu de morale en route.

— Nous aussi ma petite Berthe, dit Mme Durand en prenant l'enfant par la main, nous voulons devenir savantes et savoir comment on fait la *fonte*, n'est-ce pas, mon enfant?

— Oui ma tante, seulement dans l'omnibus je me mettrai à côté de Georges, parce que j'ai quelque chose à lui dire, un *secret*, ajouta-t-elle tout bas avec un air de mystère.

— Vraiment! tu as des secrets comme cela avec ton petit cousin? dit Mme Durand en souriant.

— Oh! oui, mais maman le sait bien; elle m'a permis de le lui dire. Je ne fais jamais ce que maman défend. — Et l'enfant leva sur sa tante ses grands yeux pleins de franchise.

— Et tu as raison, chère petite. Les papas et les mamans qui ont vu tant de choses savent toujours ce qu'il faut faire. Et puis ils aiment bien tendrement leurs petits enfants, et ne leur disent

Fig. 69. — Berthe leva sur sa tante ses grands yeux pleins de franchise.

jamais de faire ce qui n'est pas pour leur bien.

— C'est ce que dit grand-père, fit Berthe avec sa petite mine sérieuse.

— Oui, n'est-ce pas? Je suis sûre que grand-père dit qu'il faut *toujours* obéir à ses parents, car même quand ils grondent ou punissent leurs enfants, c'est encore pour leur bien, pour corriger quelque défaut peut-être qui pourrait les rendre malheureux plus tard. Mais je ne sais pas pourquoi je dis tout cela à une petite fille bonne et sage comme Berthe, qui ne désobéit jamais, j'en suis certaine, parce qu'elle sait bien que cela ferait de la peine à papa et à maman et à tout le monde qui l'aime bien. D'ailleurs voici l'omnibus. Va vite te mettre près de ton petit cousin et fais lui tes confidences, puisque maman l'a permis.

Et il faut rendre cette justice aux deux petites langues, qu'elles profitèrent consciencieusement de la permission de bavarder.

L'omnibus déposa nos jeunes visiteurs à vingt minutes de marche de la fonderie, et ils eurent la bonne chance de. rencontrer en chemin M. Reboulleau, directeur de l'établissement,. et camarade de collège de M. Durand.

Les deux amis, qui ne s'étaient pas vus depuis des années, étaient enchantés de se retrouver. Ils en avaient des histoires à se raconter. De celui-ci parti avec cent sous dans sa poche qui était revenu avec une belle fortune; de celui-là, devenu député ; d'un troisième qui avait fait de mauvaises affaires, etc. ; et puis ils riaient en se rappelant leurs aventures de collège. Ah ! c'était le bon temps ; ils étaient jeunes, et ils n'avaient pas de soucis !

EXERCICES ORAUX OU ÉCRITS

1. Devez-vous faire ce que vous défendent vos mamans?
2. Pourquoi les papas et les mamans savent-ils toujours ce qu'il faut faire?
3. Faut-il toujours obéir à ses parents?
4. Quand ils vous grondent ou vous punissent, est-ce encore pour votre bien?
5. Pourquoi la petite Berthe obéissait-elle toujours à ses parents?

XXIV (24)

Le fer. — La fonte.

—Enfin, dit M. Reboulleau, il ne s'agit pas de tout cela aujourd'hui : il s'agit de montrer à ces jeunes gens ce que c'est que le *fer* et la *fonte*.

Probablement ils savent déjà ce que c'est que le *minerai*, fit-il en les regardant.

— Oui, Monsieur, c'est le fer tel qu'il sort de la mine, dit Ernest.

— C'est cela, d'ailleurs en voilà. — Et il désigna un gros tas vers l'entrée de la cour.—On dirait tout simplement de la terre d'un brun rouge, mais de la terre très lourde comme du fer. On commence par laver ce *minerai* à l'eau

Leçons de choses.

Fig. 70. — HAUT-FOURNEAU. — On appelle **haut-fourneau** un appareil dans lequel on transforme le *minerai de fer* en **fonte**. Il est construit en briques réfractaires. Le minerai est amené par des petits wagonnets[1] au niveau de la partie supérieure du fourneau nommée *gueulard*, on le jette dans l'intérieur avec le charbon qui selon les contrées est du charbon de bois, du coke ou de la houille. Le métal entre en fusion sous l'action de la chaleur et se rend dans la partie inférieure du fourneau, dans le *creuset* (C.) Sur les côtés sont adaptés des tuyaux appelés *tuyères* qui amènent de l'air et activent la combustion du charbon et la fusion du minerai.

Les hauts - fourneaux ont une dizaine de mètres de hauteur.

courante pour le débarrasser de toute la terre qui l'enveloppe. Mais on a beau laver, on n'arrive jamais à enlever toute la *gangue*, comme on dit. Pour la sé-

---

Explication des mots. —LEÇONS DE CHOSES. **1.** Petits chariots roulant sur des rails, petits wagons.

parer, il faut tout faire fondre dans un fourneau construit exprès qu'on appelle un *haut-fourneau*, dans lequel le feu brûle toujours, sans jamais s'éteindre. Tenez, voyez-vous cette espèce de grosse tour plus haute que la maison ?

— Mais oui, moi je la vois, dit Georges, et je vois aussi des petits chariots qui roulent là haut.

— Oui mon enfant, et dans ces petits chariots il y a tantôt du minerai, tantôt du charbon.

C'est là-haut, par cette ouverture, qu'on *charge* le fourneau, c'est-à-dire qu'on le remplit alternativement de couches de charbon et de couches de minerai. La chaleur du charbon qui brûle fait fondre le fer, le rend liquide, et il devient de la *fonte*.

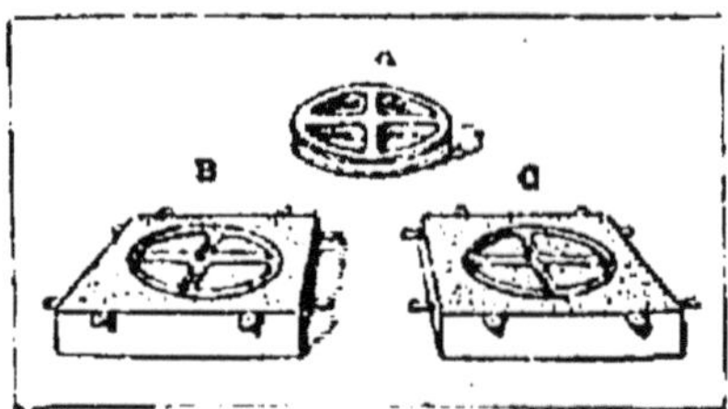

Leçons de choses.

Fig. 71. — MOULE DE FONDERIE. — Pour la confection des *moules* on emploie des *châssis*. L'ouvrier place la pièce à mouler (**A**) dans un châssis (**B**) rempli de *sable* préparé et le recouvre du *châssis supérieur* (**C**). Après l'avoir battu, il démoule en enlevant le châssis supérieur et le *modèle*, puis il fait sécher au four les deux châssis qui, superposés offrent en creux l'objet que l'on veut fondre.

Celle-ci coule au bas du fourneau, dans un réservoir appelé *creuset;* là on l'écume soigneusement, car il y a toujours des déchets[1] qui surnagent. Mais entrons voir, ce sera bien plus simple, et vous vous rappellerez mieux.

Venez un peu plus près, mes enfants, et regardez cette fonte qui coule, dit M. Reboulleau en avançant lui-même. C'est ce qu'on appelle la *fonte de première fusion*. Avec elle on fait beaucoup de choses: des ustensiles de cuisine, des balustrades,

Explication des mots. — **1.** Des impuretés, des matières étrangères.

des boulets de canon, des tuyaux, des statues, et mille choses encore que je ne saurais vous dire.

— Et comment s'y prend on pour faire tout cela? demanda André.

— Eh bien, quand la fonte arrive au degré de chaleur voulu, on ouvre un trou percé dans le creuset, et on laisse couler le liquide dans des moules préparés à l'avance selon ce qu'on veut faire.

— Mais ici, je ne vois pas de moules du tout, dit François.

— Non; et je vais vous dire pourquoi. Ici nous fabriquons des pièces qui servent à la construction de machines. Pour cela il nous faut une fonte supérieure, extrêmement tenace[1], et pour l'obtenir nous faisons tout refondre dans d'autres fourneaux.

Leçons de choses.

Fig. 72. — Cubilot pour la fonte de deuxième fusion. — La coulée. — La fonte de première fusion ne pouvant servir que pour le moulage de pièces grossières, on la soumet à une **deuxième fusion** dans un fourneau à cuve appelé **cubilot**, lorsque l'on veut obtenir une fonte plus fine et plus résistante pour les pièces de machines.

Sous l'action de la chaleur la fonte se liquéfie, se fond, dans le cubilot, on ôte alors le tampon d'argile qui bouche la rigole placée à la partie inférieure, la fonte coule comme un ruisseau de feu dans des *poches*[2] de tôle garnies d'une couche d'argile[3], que deux ouvriers prennent par des poignées et versent dans les châssis qui contiennent les *moules*. Lorsque la fonte est refroidie on ouvre les châssis et l'on en retire les pièces moulées.

Si vous voulez venir avec moi nous en verrons de ces *cubilots*, comme on appelle ces seconds fourneaux. Et M. Reboulleau se dirigea vers un autre bâtiment.

— Venez, venez vite, cria-t-il aux autres en entrant, nous arrivons juste au moment de la *coulée*.

En effet on était en train d'ôter le tampon d'argile qui bouchait le bas du fourneau ; une seconde après la fonte s'échappa, coulant comme un ruisseau de feu. On la recevait dans de grandes poches de fer, doublées en dedans d'une couche d'argile, puis on la versait dans les moules dont elle devait prendre la forme en se refroidissant.

— Mais ceci s'appelle encore de la fonte, dit Ernest, en regardant couler le liquide rouge.

— Tout ce qu'il y a de plus fonte, mon ami. C'est ce que nous appelons *fonte de deuxième fusion*.

EXERCICES ORAUX OU ÉCRITS

1. Qu'est-ce que le minerai de fer?
2. A quoi ressemble ce minerai?
3. Pourquoi le lave-t-on?
4. Qu'est-ce que la gangue?
5. Décrivez un haut-fourneau et dites qu'elle est son utilité.
6. Comment se charge un haut-fourneau?
7. Qu'est-ce que la fonte?
8. Qu'est-ce que le creuset?
9. Qu'appelle-t-on fonte de première fusion et que fabrique-t-on avec elle?
10. Comment sont faits ces objets?
11. Fait-on des pièces de machines avec de la fonte de première fusion?
12. A quoi servent les cubilots?
13. Décrivez l'opération de la coulée.
14. Qu'est-ce que la fonte de deuxième fusion?

Questions sur les leçons de choses.

Fig. 70. — Qu'est-ce qu'un haut-fourneau? — Avec quoi sont-ils construits? — Quel nom porte la partie supérieure du fourneau? — Par où introduit-on le minerai? — Quelle sorte de charbon emploie-t-on? — Que se passe-t-il sous l'action de la chaleur? — Comment s'appelle la partie inférieure du fourneau? — A quoi servent les tuyères? — Quelle hauteur ont les hauts-fourneaux? — **Fig. 71.** — Qu'emploie-t-ou pour la confection des moules? — Comment opère l'ouvrier mouleur? — **Fig. 72.** — Quelle opération fait-on subir à la fonte de première fusion pour la rendre plus fine et plus résistante? — Quel nom porte le fourneau employé pour la deuxième fusion? — Que se passe-t-il dans le cubilot? — Comment pratique-t-on la coulée?

XXV (25)

Le fer. — L'acier.

— Et qu'est-ce que c'est que le *fer*, alors. Je ne comprends pas du tout comment on peut le retrouver.

— Mais si, mon petit Ernest, tu vas comprendre tout de suite. Le fer c'est le métal pur, n'est-ce pas?

— Oui Monsieur; mais vous avez fondu le minerai, vous en avez enlevé toutes les impuretés, et pourtant ce qui reste n'est pas du fer, vous dites que c'est de la fonte. Voilà ce que je ne comprends pas.

— Eh bien, c'est parce que le fer du minerai s'est mélangé avec une partie du charbon pendant la fusion. La fonte c'est du fer mêlé de charbon, voilà tout. Il s'agit d'enlever ce charbon, et nous aurons du *fer*.

— Enlever le charbon, oui, mais comment?

C'est çà qui ne doit pas être commode, dit François.

— Ce n'est pas plus difficile que le reste, reprit M. Reboulleau. On fait fondre la fonte encore une fois, et pendant la fusion, on fait arriver sur elle un grand courant d'air, très actif, très fort, et ce courant enlève le charbon. Plus tard, quand vous serez grands garçons, et que vous aurez fait un peu de

Leçons de choses.

Fig. 73. — Objets fabriqués avec la fonte, le fer, l'acier. — Le *boulon*[1] et son *écrou* sont fabriqués en fer forgé[2] ; le *cadenas*, en fer et en tôle[3] ; la *cuiller*, en fer étamé[4] ; la *marmite*, en fonte ; la *poêle*, en tôle de fer ; le *rail*, en acier et les *coussinets* qui l'assujetissent sur les traverses, en fer.

chimie, vous comprendrez comment l'air enlève le charbon.

Ce travail qui change la fonte en fer, s'appelle *l'affinage*. Et voilà, mes enfants, l'histoire du fer.

Après avoir causé quelques instants avec Mme Durand qu'il fit asseoir, M. Reboulleau emmena son mari pour lui montrer un nouveau système qu'il avait imaginé pour la fabrication de ses moules. En revenant, ces messieurs trouvèrent François et André, au milieu d'une discussion fort animée. Ils étaient très rouges tous deux, et prenaient des airs presque belliqueux[1].

— Qu'est-ce qu'il y a, mes enfants, qu'est-ce qu'il y a ? demanda M. Durand.

— C'est André qui dit que *l'acier* c'est du fer, répondit François en haussant les épaules.

— Et toi, qu'est-ce que tu dis ? demanda M. Reboulleau.

— Moi, je dis que ce n'en est pas, que c'est un autre métal.

— Eh bien, moi je dis qu'André pourrait bien avoir raison, fit M. Reboulleau en secouant François, amicalement, par les deux épaules. Mais causons un peu de cela. D'abord qu'est-ce qui se rappelle ce que c'est que la fonte ?

Leçons de choses.
Fig. 74. — Convertisseur Bessemer, pour la fabrication de l'acier. — L'acier est un produit formé de fer contenant du *carbone* ou charbon dans des proportions variables. Pour l'obtenir, on charge le **convertisseur Bessemer** de *fonte de deuxième fusion*, en fusion, et on la soumet pendant un temps qui varie de 6 à 30 minutes à une *insufflation*[2] *d'air* qui la transforme en *acier* en *l'oxydant*, c'est-à-dire en brûlant une grande partie du charbon qu'elle contenait.

— La fonte est un mélange de fer et de charbon, répondit François.

— Parfaitement mon ami, et *l'acier* aussi : voilà qui est étonnant, n'est-ce pas ? seulement l'acier contient beaucoup moins de charbon que la fonte.

Ainsi, maître François, il faut t'incliner devant ton cousin et lui faire tes excuses.

— Eh bien, oui, c'est moi qui avais tort cette fois-ci, mais vrai! de la fonte, de l'acier, du fer, il y a de quoi embrouiller tout le monde, dit François.

EXERCICES ORAUX OU ÉCRITS.

1. Expliquez quelle différence existe entre le fer et la fonte.
2. Que fait-on pour transformer la fonte en fer?
3. Quel nom porte ce travail?
4. Qu'est-ce que l'acier?
5. L'acier contient-il autant de charbon que la fonte?

Questions sur les leçons de choses.

Fig. 73. — Qu'emploie-t-on pour fabriquer les boulons? — Les cadenas? — Les cuillers? — Les marmites? — Les poêles à frire?— Les rails de chemin de fer? — Les coussinets de rails? — **Fig. 74.** — Quel nom porte l'appareil employé pour convertir la fonte en acier? — Qu'est-ce que l'acier? — Comment s'y prend-on pour opérer cette conversion? — L'insufflation d'air dure-t-elle longtemps? — Qu'est-ce que l'oxydation

XXVI (26)

L'orage.

— Je crois, mon ami, que tu oublies l'heure, dit Mme Durand à son mari.

En effet, la matinée avait passé bien vite, et midi arrivait à grand train. Il fallut prendre congé de M. Reboulleau et se diriger du côté de la maison. D'ailleurs le temps était devenu menaçant; de gros nuages sombres s'amassaient dans le ciel, la chaleur était accablante, on sentait l'orage approcher. A peine en route, de sourds grondements se firent entendre; bientôt ils devinrent de plus en plus rapprochés, puis quelques larges gouttes d'eau commencèrent à tomber. .

— Dépêchons-nous, mes enfants ! dépêchons-nous de nous mettre à l'abri, car la pluie va tomber à torrents.

Alors toute la petite bande se mit à courir. On arriva juste à temps, car la porte de la maison était à peine fermée, qu'un effroyable coup de tonnerre fit tressaillir tout le monde. Et l'averse arriva, fouettant les vitres, balayant les rues, et couchant par terre les pauvres fleurs que la tante Estelle cultivait dans sa petite cour.

Fig. 75. — Alors toute la petite bande se mit à courir.

Presque au même instant, une lueur rougeâtre illumina les nuages sombres, et un second coup, plus terrible encore que le premier, ébranla toute la maison.

Berthe, effrayée, courut se réfugier auprès de sa mère. — Oh ! maman, j'ai peur, disait-elle, toute pâle.

— Peur de quoi? chère enfant ! tu sais bien que le tonnerre ne peut pas te faire de mal, ni à personne; ce n'est que du bruit.

— Mais si, maman, le tonnerre a tué deux hommes l'autre jour, papa l'a lu dans le journal.

— Ce n'est pas le tonnerre qui les a tués, Berthe,

c'est l'*éclair*, lui dit son frère, et quand on entend le tonnerre, l'éclair est déjà passé, il n'y a plus de danger.

— Comment cela se fait-il, Ernest, que nous *voyions* l'éclair *avant d'entendre* le coup de tonnerre, puisque tous les deux partent du nuage au même moment? demanda M. Durand.

— C'est parce que la *lumière* voyage beaucoup plus vite que le *son*, alors elle nous arrive la première. C'est la même chose quand on regarde de loin tirer un coup de fusil : *on voit d'abord* la fumée, et *après, on entend* le coup, mais un bon moment après. Je me rappelle quand tu m'as montré cela dans la plaine, ajouta-t-il.

Leçons de choses.
Fig. 76. — LE PARA-TONNERRE. — Pour protéger les monuments et les maisons contre la *foudre* on emploie un appareil découvert par *Franklin* et nommé **paratonnerre.** Il se compose d'une longue tige de fer terminée par une pointe en *cuivre doré*, placée sur le point le plus élevé du bâtiment à protéger; un *câble conducteur* part de cette tige et pénètre dans le sol, soit dans un puits, quand il s'en trouve un à proximité, soit dans un trou que l'on creuse et que l'on remplit de coke ou de braise.

EXERCICES ORAUX OU ÉCRITS

1. A quels signes reconnait-on l'approche de l'orage?
2. Racontez le retour précipité de la famille Durand.
3. Pourquoi ne faut-il pas avoir peur du tonnerre?
4. N'y a-t-il plus de danger une fois l'éclair passé?
5. Pourquoi voyons-nous l'éclair avant d'entendre le coup de tonnerre?
6. Le son voyage-t-il plus vite que la lumière?

Questions sur les leçons de choses.

Fig. 76. — Qu'est-ce qu'un paratonnerre? — Par qui a-t-il été

Explication des mots. — LEÇONS DE CHOSES. **1.** Espèce de corde faite de fils de fer galvanisés tordus ensemble.

découvert? — De quoi se compose-t-il ? — Où le place-t-on? — Où
se rend le câble conducteur?

XXVII (27)

La lumière

— Comme il fait noir, dit la tante Estelle en
soulevant le rideau pour regarder dehors, si cela
continue, il faudra bientôt allumer la chandelle.

— Avec quoi donc est-ce fait la *chandelle*?
demanda Georges en se mettant à table. André
m'a dit une fois qu'il y a des gens dans les pays
froids qui en mangent.

— C'est bien possible, lui dit son père, car la
chandelle est tout bonnement une mèche trempée
dans du suif, c'est-à-dire de la graisse de mouton
ou de bœuf fondue; tu vois que ce n'est pas bien
dangereux.

— Et la *bougie*, qu'est-ce que c'est ? demanda
François.

— La bougie est faite avec du suif aussi, seulement avec du suif épuré.

— Et les *allumettes chimiques*, maintenant,
puisque nous sommes dans les lumières, comment
les fait-on ?

— Ah ! ceci est plus compliqué. On commence
par prendre des petits morceaux de bois que l'on
trempe dans un bain de *soufre*.

— Qu'est-ce que c'est que cela du *soufre*?
demanda Georges.

— C'est un corps jaune. On le trouve dans la

terre, surtout près des volcans[1]. On le fait fondre et on y trempe le bout des morceaux de bois.

Leçons de choses.

Fig. 77. — FABRICATION DES CHANDELLES. — La chandelle qui sert à l'éclairage dans les campagnes est simplement une *mèche de coton* non tressée entourée de *suif fondu*. On emploie pour sa fabrication, le suif ou graisse de bœuf, de mouton et de veau. Notre figure représente un atelier au complet. A droite sur un échafaudage, se trouvent des espèces de bassins appelés *bacs* dans lesquels le suif est fondu au moyen de la vapeur qui arrive à l'intérieur par un tuyau percé de trous; le suif fondu part de ces bacs et se rend jusqu'au bout de l'atelier, au moyen d'une *rigole*. Les grandes tables qui occupent le milieu de l'atelier portent le nom de *billards*, elles sont percées de trous; dans chaque trou est un *moule* d'étain au milieu duquel est placée une *mèche de coton*. Lorsque tous les moules de son billard sont prêts, l'ouvrier chandelier va puiser du suif à des petits bacs placés sur le chemin de la rigole et le verse dans un récipient monté sur un petit chariot, qui roule sur les côtés du billard, et se trouve placé au-dessus des moules, dont il remplit plusieurs rangées à la fois lorsqu'il appuie sur un petit levier. On laisse refroidir et il ne reste plus qu'à retirer la chandelle du moule.

Quand le soufre est sec, on l'enduit avec une pâte où il y a du phosphore ; et voilà les allumettes terminées. Il n'y a plus qu'à les mettre en paquets, et à les envoyer chez l'épicier.

Explication des mots. — **1.** Gouffres ouverts dans les montagnes et d'où sortent des flammes, des gaz, des vapeurs et des matières eu fusion appelées laves.

— Mais le *phosphore* qui est dans la pâte, qu'est-ce que c'est donc? demanda Georges.

Leçons de choses.

Fig. 78. — FABRICATION DE LA BOUGIE STÉARIQUE. — Une bougie est un cylindre de *stéarine* contenant à son milieu une mèche de coton *tressée* ayant subi une préparation qui la fait se consumer entièrement sans qu'il soit besoin de la moucher comme celle de la chandelle.

La fabrication de la **bougie** est très compliquée. Pour obtenir la *stéarine* du commerce on transforme en savon, au moyen de la *chaux*, soit du *suif*, soit certaines *huiles végétales*; ce *savon calcaire* est ensuite décomposé par *l'acide sulfurique*; le produit est soumis à différents lavages puis il est coulé dans des *mouleaux*[1] où il refroidit et se prend en plaques.

On a alors ce qu'on appelle dans l'industrie, des *acides gras*.

Ces acides gras sont transportés dans un autre atelier, on les enveloppe dans des serviettes de laine et on les soumet à une très forte pression sous des presses hydrauliques[2], à *froid* et à *chaud*; sous l'action de la pression une huile appelée *oléine* s'écoule de la serviette, ce qui reste à l'intérieur est la stéarine. Après avoir été fondue sur l'eau cette stéarine est prête à être employée. On se sert plus généralement aujourd'hui du procédé par **distillation.** Le corps gras après avoir été traité par la chaux et acidifié est *distillé* dans des appareils construits pour cet usage. Ce système a l'avantage de donner un plus fort rendement.

La *fig.* 78 représente un atelier pour la fabrication de la bougie : au premier plan, à droite, sont placées les *presses à froid*, à gauche les *presses à chaud* et au fond les *mécaniques à couler la bougie*. Ces mécaniques contiennent chacune un nombre de *moules* plus ou moins grand, selon leur grosseur, et dans lesquels on verse la stéarine fondue, mais au moment où elle commence à se figer[3]; quand la bougie est refroidie on la retire du moule mécaniquement, puis il ne reste plus qu'à la couper de longueur et à la mettre dans des cartons pour la vendre.

— Le phosphore qui est dans la pâte n'est pas

Explication des mots. — LEÇONS DE CHOSES. **1.** Moules en fer blanc, ayant une profondeur de 5 à 8 centimètres. — **2.** Presses qui sont mues, par de l'eau comprimée par des pompes. — **3.** A se solidifier par le refroidissement.

un corps facile à manier, mon enfant. Il ne demande qu'à prendre feu et même il en a si grande envie qu'il brûle lentement tout seul. On est obligé de le garder sous l'eau pour l'empêcher de s'enflammer spontanément[1].

Quand il est pris dans la pâte au bout de l'allumette, il ne brûle pas tout seul. Mais, au moindre frottement, il s'enflamme, communique le feu au soufre, et la chaleur de celui-ci enflamme enfin le bois de l'allumette.

— Est-ce qu'on trouve le phosphore dans la terre comme le soufre? demanda Ernest.

— On trouve le phosphore surtout dans les os, lui dit son père.

— Dans les os! répétèrent les enfants, voilà qui est drôle, par exemple.

— C'est pourtant vrai, et presque tout le phosphore employé dans l'industrie est extrait des os.

Leçons de choses.

Fig. 79. — TREMPAGE DES ALLUMETTES A LA FORME. — Quand les *bûchettes*[2] de bois sont préparées, l'ouvrier les dispose dans une espèce de châssis et il les trempe d'abord, d'un centimètre environ, dans du **soufre fondu**, puis ensuite dans une pâte composée de **phosphore**, de *colle forte*[3], de *sable fin* et quelquefois d'un peu de *chlorate de potasse*.

EXERCICES ORAUX OU ÉCRITS

1. Dites avec quoi se fait la chandelle.
2. Comment la fabrique-t-on?

Explication des mots. — LECTURES. **1.** De lui-même, sans cause apparente. — LEÇONS DE CHOSES. **2.** Petite bûche, petit morceau de bois. — **3.** Colle extraite des os.

3. Avec quoi se fait la bougie?
4. De quoi sont faites les allumettes chimiques?
5. Qu'est-ce que le soufre?
6. Où le trouve-t-on?
7. Que fait-on quand le soufre est sec sur le morceau de bois?
8. Le phosphore brûle-t-il facilement?
9. Comment le conserve-t-on?
10. Que se passe-t-il lorsqu'on frotte une allumette?
11. Où trouve-t-on le phosphore?

Questions sur les leçons de choses.

Fig. 77. — Qu'est-ce que la chandelle? — Qu'emploie-t-on pour la fabriquer? — Décrivez l'atelier représenté sur la **Fig. 77.** — Qu'est-ce qu'un billard? — Comment les moules se remplissent-ils? — **Fig. 78.** — Qu'est-ce qu'une bougie? — La mèche est-elle tressée? — Avec quoi transforme-t-on le suif ou l'huile en savon? — Avec quel acide est décomposé le savon calcaire? — Quel nom porte dans l'industrie, le produit obtenu? — Dans quoi les acides gras sont-ils enveloppés pour être pressés? — Qu'est-ce que l'oléine? — Que reste-t-il dans la serviette? — Décrivez l'atelier en regardant la gravure, montrez les différents appareils. — A quel moment la stéarine est-elle versée dans les moules? — **Fig. 79.** — Dans quoi les allumettes sont-elles placées pour être trempées? — Dans quoi sont-elles trempées d'abord? — De quoi est composée la pâte phosphorée?

XXVIII (28)

Le Feu.

— Je me suis quelquefois demandé comment on pouvait faire autrefois quand il n'y avait pas d'allumettes, dit André.

— Tu n'as donc jamais vu battre le *briquet*, mon garçon? lui dit son grand-père.

— Non, grand-père, jamais.

— C'est vrai pourtant, on ne s'en sert plus aujourd'hui. Mon Dieu! comme tout change en ce monde! Dans mon jeune temps, il n'y avait que cela, on ne connaissait pas les allumettes, et chacun portait son briquet dans sa poche.

Fig. 80. — Dans le temps, les fumeurs étaient obligés de battre le briquet pour allumer leur pipe.

— Et qu'est-ce que c'était donc que le briquet?

— Mais tout simplement un morceau d'acier avec lequel on frappait sur du *silex*, sur une *pierre à feu*, comme on dit; aussitôt qu'on frappait, il partait une étincelle, qui communiquait le feu à un morceau d'*amadou* que l'on mettait tout allumé dans sa pipe pour faire prendre le tabac.

— Et qu'est-ce que c'est que l'*amadou*, grand-père? demanda Georges.

— L'amadou, mon petit, est une espèce de champignon desséché qui prend feu très facilement.

— Mais il a dû y avoir un temps où il n'y avait même pas de briquet, dit Ernest.

— Certainement,

Fig. 81. — Certains sauvages pour avoir du feu creusent un trou dans un tronc d'arbre sec et font tourner rapidement dedans un bâton pointu; au bout d'un temps, souvent très long, le bois s'enflamme.

répondit son père, il y a eu un temps où l'on faisait du feu en frottant l'un sur l'autre deux morceaux de bois. Les premiers hommes faisaient comme cela, et encore aujourd'hui il y a

certains sauvages qui se servent de ce moyen. Ils
creusent un trou dans un tronc d'arbre sec, et
mettent dedans un bâton pointu qu'ils font tourner
très vite. Au bout d'un certain temps le bâton
s'échauffe, puis on voit la fumée qui commence, et
enfin la flamme apparaît. Mais pour en arriver là
il faut longtemps, plusieurs heures parfois : ce n'est

pas tout à fait
aussi commo-
de que les al-
lumettes chi-
miques.

— C'est
une des plus
grandes dé-
couvertes de
l'humanité
que celle du
feu, dit M.

Fig. 82. — Le pâtissier qui confectionne de
si bons gâteaux, les fait cuire, tous, dans son four.

Durand. Ce feu qui a vaincu l'obscurité et le froid,
qui transforme la nuit en jour, qui se fait le lieutenant du soleil, et nous ouvre l'accès des régions
glaciales.

— Et qui fait cuire les bons petits gâteaux de
la tante Estelle, ajouta l'oncle Jules. Qu'est-ce qu'ils
deviendraient sans feu, ces pauvres gâteaux? On ne
pourrait plus régaler tous ces petits garçons qui
aiment pourtant les bonnes choses, et cela serait
très grave, n'est-ce pas, Georges?

— Oui mon oncle, fit l'enfant sérieusement.
Mais pourquoi donc est-ce qu'on fait toujours cuire
ce que nous mangeons?

— Parce qu'en général les aliments crus sont difficiles à digérer, mon enfant. Ainsi, s'il te fallait manger des pommes de terre ou des choux, par exemple, sans qu'ils soient cuits, d'abord tu les trouverais mauvais et ensuite ils te rendraient malade. Regarde le pain, cet aliment si sain et si agréable ; tu peux en manger à ta faim, sans crainte d'indigestion, mais si c'était de la farine crue voilà qui serait lourd et indigeste. Aussi, de tout temps, les hommes ont fait cuire le blé.

EXERCICES ORAUX OU ÉCRITS

1. Comment se procurait-on du feu avant l'invention des allu- mettes ?
2. Qu'est-ce qu'un briquet et comment s'en sert-on ?
3. Qu'est-ce que l'amadou ?
4. Comment les premiers hommes faisaient-ils du feu ?
5. Est-ce une belle découverte que celle du feu ?
6. Pourquoi fait-on cuire les aliments ?
7. A-t-on toujours fait cuire le blé ?

XXIX (29)

Une surprise.

— Comme il pleut toujours ! fit François en regardant les gouttes qui ruisselaient sur les vitres.

— Tant mieux, tant mieux, qu'il pleuve, dit l'oncle Jules, la terre a besoin d'eau ; j'ai vu ce matin, un homme de la campagne qui me disait que tout se mourait faute d'eau.

— Çà se peut bien mon oncle ; mais s'il pleut comme cela tout l'après-midi, nous ne pourrons pas aller au port [1], tu avais promis de nous y mener.

— C'est vrai, mon enfant, mais je comptais sans ton père qui me l'a défendu.

— Défendu d'aller au port! s'écrièrent tous les enfants à la fois, pourquoi donc?

— C'est parce que c'est un vilain papa qui n'aime pas à faire plaisir à ses petits garçons, dit Mme Durand.

—Oh non! maman, mais alors, pourquoi donc? dit Georges.

— Ah! voilà; c'est peut-être un secret; moi, je ne sais pas, dit sa mère en souriant : demande à papa lui-même.

Fig. 83. — Tant mieux qu'il pleuve, j'ai vu ce matin un homme de la campagne qui me disait que tout se mourait faute d'eau.

— Pourquoi donc, papa, ne veux-tu pas que nous y allions? fit-il d'un air câlin [2].

— Ça c'est mon secret, répondit le père avec malice.

— Eh bien, est-ce que tu nous le diras si nous devinons? dit François.

7.

— Peut-être, si vous devinez bien.

— Oh! moi je parie que je sais, dit André, faut-il le dire, papa?

— Mais, oui; voyons ton idée, dit le père tranquillement.

— C'est que tu vas peut-être nous mener au Havre¹ d'abord, dit-il les yeux brillants.

— Tout juste mon fils, tu l'as deviné du premier coup; je veux vous emmener au port du Havre, et ta mère trouve qu'il vaudrait mieux rester bien tranquilles à la maison cet après-midi, pour être tout à fait reposés demain, puisque vous avez déjà pas mal trotté depuis deux jours.

— Oui, oui, cela vaut mieux! Quelle chance! alors nous partirons demain!

Et c'étaient des cris de joie, des questions à n'en plus finir. Irait-on par bateau, ou par chemin de fer? Quand reviendrait-on? Et ainsi de suite. Toutes les langues allaient à la fois, plus vite et plus fort les unes que les autres; il fallut que l'oncle Jules prît sa grosse voix pour avoir la paix.

EXERCICES ORAUX OU ÉCRITS

1. La pluie est-elle nécessaire aux récoltes?
2. Qu'arrive-t-il aux plantes, lorsqu'il ne pleut pas?
3. Racontez à votre manière l'inquiétude des enfants et la surprise agréable qui leur est faite.

Explication des mots. — 1. Chef-lieu d'arrondissement de la Seine-Inférieure. Notre second port de commerce après Marseille.

XXX (30)

Une histoire.

Mais c'est bien long, un après-midi, quand on n'a pas de leçons à apprendre, pas de devoir à faire, que la pluie tombe, et que l'on vous empêche de sortir, même dans la cour.

C'est alors qu'il fait bon avoir une gentille maman pour raconter de jolies histoires ! Le petit Georges adorait les histoires, et l'après-midi en question, après avoir joué quatre grandes heures avec sa petite cousine, il alla trouver sa mère qui lisait près de la fenêtre.

Fig. 84. — Maman, fit-il, en s'agenouillant près d'elle, raconte-nous une histoire.

— Maman, fit-il en s'agenouillant près d'elle, raconte-nous une histoire.

M\u1d50\u1d49 Durand mit un bout de papier entre les feuillets de son livre et le ferma.

— Une histoire? mon petit garçon, fit-elle en l'embrassant.

— Oui, oui, une histoire, s'écrièrent les autres qui avaient entendu, et qui arrivèrent comme une nichée d'oiseaux se serrer autour de la maman.

— Une histoire de général, dit Georges.

— Mais non, ma tante, une histoire de petite fille, c'est bien plus gentil, dit Berthe.

— Et toi Ernest, qu'est-ce que tu demandes?

— Moi, je ne sais pas, une histoire de montagnes, peut-être; une histoire de pâtre[1] comme *Guillaume Tell*[2], par exemple, qui sauva sa patrie.

— Oui, oui, c'est joli l'histoire de Guillaume

Fig. 85. — La maison de Jeanne d'Arc à Domrémy (3).

Tell, dirent ses deux grands cousins, mais nous la connaissons. Tu ne connais pas d'autres histoires de pâtres comme celle-là?

Mme Durand secoua la tête en souriant.

— Vous n'êtes pas commodes à satisfaire, mes chers enfants, dit-elle. — Un général, une petite fille, un pâtre qui sauve sa patrie... Ce sera peut-être difficile de contenter tout le monde.

Un instant elle s'enfonça dans son fauteuil et ferma les yeux; puis, prenant Berthe sur ses genoux, elle commença son récit :

Explication des mots. — Lectures. 1. Celui qui fait paître les troupeaux. — **2.** Héros populaire de la Suisse qu'il aida à affranchir du joug de l'Autriche. — **Leçons de choses. 3.** Village des Vosges, arrondissement de Neufchâteau où Jeanne d'Arc naquit en 1412.

— Il y a longtemps, bien longtemps, dans un joli village tranquille au milieu des *Vosges*[1], un village de cette *Lorraine* qui pleure aujourd'hui parce qu'elle n'est plus tout entière française, vivait un brave paysan, avec sa femme et ses enfants. Il avait deux beaux petits garçons et une fillette qui s'appelait *Jeanne*.

La maisonnette du paysan se trouvait tout à côté de l'église, et la petite Jeanne allait quelquefois s'asseoir sur le gazon, écoutant sonner les cloches. Il lui semblait toujours qu'elles lui disaient, dans leur langage, d'être bonne et sage, bonne et sage, bonne et sage, et elle faisait de son mieux pour obéir aux cloches. Elle aidait sa mère dans la maison, et elle allait aux champs garder les vaches et les moutons. Et tout le monde aimait la petite bergère si bonne et si douce. Quand il y avait un malade au village, c'était toujours Jeanne qui allait le soigner; et quand on lui donnait quelque chose pour elle-même, elle le gardait pour ses malades.

Mais elle était souvent triste, la petite Jeanne, et s'en allait pleurer toute seule. C'est qu'on lui avait parlé de guerre; on lui disait que là-bas, au delà des montagnes, on se battait, que l'ennemi tuait et pillait, et que la France souffrait de grandes misères. On lui parlait de défaites, de villages brûlés, de sang français répandu, et l'enfant pleurait. On lui disait que la *reine*[2] avait vendu la

---

Explication des mots. — **1.** Chaîne de montagnes à l'Est de la France, commence près de Belfort et gagne la Bavière. — **2.** Isabeau de Bavière, femme de Charles VI

France aux Anglais, et déshérité[1] son propre fils, le *vrai roi;* et la petite bergère avait honte.

EXERCICES ORAUX OU ÉCRITS

1. Dites comment les enfants passèrent leur après-midi.
2. Que savez-vous de l'histoire de Guillaume Tell?
3. Qu'est-ce que les Vosges et où se trouvent-elles?
4. Parlez de la Lorraine.
5. Racontez à votre façon l'histoire de Jeanne d'Arc en faisant ressortir toutes ses qualités.
6. A qui la reine avait-elle vendu la France?

XXXI (31)

Jeanne d'Arc. — Le Triomphe.

— Ah! c'est l'*histoire de Jeanne d'Arc* que tu nous racontes-là, s'écria brusquement François! oh! je la connais bien!

— Tu la connais, dit sa tante, eh bien, raconte-là!

— Non, non, s'écrièrent les autres; raconte, tante, raconte, maman; c'est bien plus joli quand c'est toi qui parles.

— Et puis, dit le tout petit Georges, vois-tu, François, papa m'a dit que ce n'est pas poli d'interrompre.

La mine grave de l'enfant fit rire tout le monde; François s'excusa tout rouge, et la maman continua.

Jeanne d'Arc aurait voulu être garçon, parce qu'alors elle se serait fait soldat et aurait combattu pour cette France qu'elle aimait tant; mais que pouvait une pauvre jeune fille! Cependant une

---

Explication des mots. — 1. Privé de son héritage.

vieille légende[1] du pays disait que « *la France, perdue par une femme, serait aussi sauvée par une femme venant du Bois-Chênu,* » petit bois tout près de la maisonnette des parents de Jeanne d'Arc.

Les années s'étaient écoulées ; Jeanne était devenue grande et forte.

Un jour elle se promenait toute seule, bien triste, dans le Bois-Chênu, écoutant ses cloches ; tout à coup, elle crut voir dans l'air un ange, un bel ange avec des ailes, qui lui disait : « *Jeanne, il faut que tu ailles en France, secourir le Dauphin[2], et que tu lui rendes son royaume*». La pauvre Jeanne eut peur et se mit à trembler ; elle aurait

Fig. 86. — La voix revenait souvent et toujours elle disait à Jeanne: « *Pars, pars, va sauver la France!* »

pourtant bien voulu ! Mais elle, une petite paysanne, comment pourrait-elle conduire des soldats ? D'ailleurs ses parents ne la laisseraient pas partir !

Mais la voix revenait, elle revenait souvent, et toujours elle disait à Jeanne : « *Pars, pars, va sauver la France!* »

On parlait toujours de batailles perdues ; on disait que bientôt il n'y aurait plus de France, et, un

---

Explication des mots. — **1.** Récit populaire et souvent merveilleux d'un événement du temps passé. — **2.** Le fils aîné du roi, héritier du trône, qui fut roi plus tard, sous le nom de Charles VII.

beau jour, n'y tenant plus, Jeanne partit. « *Dieu le veut*, disait-elle, *il faut que j'aille!* »

Et la douce bergère quitta son village tranquille et ses belles montagnes. Elle se rendit à Vaucouleurs[1] trouver un capitaine, à qui elle demanda de la conduire au Dauphin.

Le capitaine se moqua d'elle, la traitant de folle; mais Jeanne, qui se disait : je suis envoyée par Dieu, se sentait forte.

Fig. 87. — « Marchez hardiment à l'ennemi » disait Jeanne à ses soldats, et on la trouvait toujours la première au danger.

Il n'y avait pas de temps à perdre : la France se mourait; Orléans[2], sa dernière grande ville, était déjà entourée par les Anglais. Et la timide Jeanne si douce, si modeste, parla avec tant d'ardeur que le rude soldat fit ce qu'elle demandait.

Alors la jeune fille coupa ses longs cheveux noirs, s'habilla en soldat et, montée sur un cheval de guerre, partit pour Orléans avec quelques hommes d'escorte.

Là, le Dauphin, l'armée, le peuple, tout obéit à cette fillette, qui annonçait la victoire.

Explication des mots. — 1. Chef-lieu de canton du dép. de la Meuse. — 2. Chef-lieu du département du Loiret.

« Marchez hardiment à l'ennemi, » disait-elle aux siens en leur montrant le chemin. Et les soldats enthousiasmés suivaient la paysanne qu'on voyait toujours en avant, au danger, avec sa belle bannière blanche, semée de fleurs de lis d'or.

Enfin elle travailla si bien qu'au bout de quelques jours, les grands capitaines anglais étaient battus, repoussés de partout. Orléans était libre, et l'on pouvait dire que la France était sauvée. Jeanne avait tenu sa promesse.

— Est-ce qu'elle est retournée à ses montagnes, près de sa mère? demanda Berthe.

— Non, mon enfant, elle n'a jamais revu ses montagnes ; et un instant, Mme Durand resta toute pensive.

Après avoir sauvé Orléans, Jeanne vainquit partout les Anglais ; leurs meilleurs généraux, leurs plus braves soldats s'enfuyaient devant la bergère lorraine.

EXERCICES ORAUX OU ÉCRITS

1. Que disait la vieille légende ?
2. Que crut entendre Jeanne d'Arc au Bois-Chênu ?
3. Où se rendit-elle ?
4. Quel accueil lui fit le capitaine ?
5. Dans quelle situation se trouvait Orléans à cette époque ?
6. Comment le Dauphin accueillit-il Jeanne d'Arc ?
7. Que disait-elle à ses soldats ?
8. Comment était sa bannière ?
9. Jeanne tint-elle sa promesse et que fit-elle en quelques jours ?
10. Que fit-elle après avoir sauvé Orléans ?

XXXII (32)

Jeanne d'Arc. — Le martyre[1].

Partout où Jeanne passait, le peuple accourait,

Explication des mots. — **1.** Tourments, grandes douleurs que l'on fait endurer à quelqu'un.

la regardant comme une sainte, se mettant à genoux devant elle.

« Oh! le bon peuple, » disait-elle; et elle pleurait en voyant combien on l'aimait.

— Moi aussi, je l'aime, dit Bertha.

— Oui, mes chers enfants, nous l'aimons tous, notre pure et vaillante Jeanne. Mais à la cour[1] du roi, il y avait des seigneurs jaloux d'elle, des hommes d'intrigue qui la haïssaient; et, le croiriez-vous? le roi lui-même, ingrat et indigne, écoutait leurs conseils, et tendait des pièges à cette enfant qui avait tant fait pour lui. On la comblait d'honneurs, et par

Fig. 88. — Tour de Jeanne d'Arc a Rouen.
— On enferma la pauvre Jeanne dans un cachot de cette tour et on la fit garder par des soldats méchants et grossiers.

derrière, on la trahissait, on faisait échouer toutes ses entreprises; puis on l'abandonna, et enfin, j'ai honte et douleur de vous le dire, mes enfants, elle fut prise et vendue aux Anglais par le duc de Bourgogne.

Pauvre Jeanne, elle ne devait plus revoir ses montagnes et son petit village, ni entendre ses cloches, ni embrasser sa mère. Ici, dans cette ville de Rouen, on l'enferma dans un cachot, avec des

---

Explication des mots. — **1.** Dans l'entourage du roi.

chaînes, et on la fit garder par des soldats méchants et grossiers. Puis on l'accusa d'être sorcière[1] ; un long procès commença, et pendant trois mois, la bergère qui ne savait ni lire ni écrire, se défendit seule, sans appui, sans conseil, contre ses quarante juges, des prêtres et des savants du temps. Là, désarmée, elle se montra aussi admirable que sur le champ de bataille.

On avait beau chercher dans sa vie, on n'y trouva que de l'innocence et de la vertu ; alors on inventa mille mensonges, et les infâmes juges, l'évêque de Beauvais, Pierre

Fig. 89. — Jeanne d'Arc fut brûlée à Rouen sur la place du Vieux-Marché.

Cauchon, à leur tête, condamnèrent notre chère et glorieuse Jeanne, à être brûlée vive ; parce qu'elle avait tant aimé sa Patrie !

Le lendemain de sa condamnation, on éleva un immense bûcher[2] sur la place du Vieux-Marché, ici, à Rouen, et sur l'estrade[3], en face, étaient les juges et les Grands[4] de l'Angleterre, venus pour jouir du spectacle. La foule, contenue par les troupes anglaises, sanglotait. Quand l'évêque eut fini de lire la condamnation, Jeanne se tourna vers le peuple, et, avec une extrême douceur, lui demanda de prier pour elle ; puis, sans se plaindre, elle monta sur le bûcher.

Berthe avait caché sa tête sur l'épaule de sa tante et sanglotait.

François se détourna pour essuyer ses larmes et, pendant quelques instants personne ne bougea. La petite troupe, d'habitude si bruyante et si joyeuse, pleurait.

Mme Durand aussi sentit sa voix trembler, mais elle avait encore quelque chose à raconter.

— Même après sa mort notre chère Jeanne servit la Patrie, dit-elle, car la France indignée se souleva pour la venger, et l'Anglais, partout battu, fut chassé. Dix ans après il ne possédait plus en France que la seule ville de Calais[1].

Plus tard, mes chers garçons, lorsque vos petites mains sauront tenir une épée, peut-être la France vous appellera-t-elle aussi pour la servir. Pensez alors à Jeanne d'Arc, à *Jeanne la Patriote*, et faites votre devoir comme elle !

Rappelez-vous, mes enfants, que notre vie appartient à la France, la mienne comme les vôtres, et notre devoir à chacun, c'est de donner tout notre sang, s'il le faut, pour son honneur ou sa liberté. C'est une mère qui vous le dit et qui vous aime tous bien tendrement. Et maintenant mes chers petits, retournez à vos jeux. Allez courir, sauter ; amusez-vous bien, c'est de votre âge ; mais au milieu de vos plaisirs, pensez quelquefois à la petite

---

Explication des mots. — **1.** Ville du département du Pas-de-Calais, sur le détroit.

bergère de la Lorraine qui a tant aimé notre France, et qui est morte pour elle. Si vous êtes sages, nous irons voir cette tour où elle fut enfermée pendant de longs jours ; car il ne faut jamais oublier ceux qui sont morts pour la Patrie.

Et Mme Durand embrassa les petites figures graves qui se serraient autour d'elle, puis reprit son livre.

EXERCICES ORAUX OU ÉCRITS

1. Quel accueil le peuple faisait-il à Jeanne d'Arc?
2. Quelle fut la conduite du roi à son égard ?
3. Par qui fut-elle vendue aux Anglais?
4. Où fut-elle enfermée dans un cachot?
5. De quoi l'accusa-t-on ?
6. Combien de temps dura son procès?
7. Dites le nom de l'infâme évêque de Beauvais.
8. A quoi fut condamnée Jeanne d'Arc?
9. Où éleva-t-on le bûcher?
10. Que fit Jeanne en montant sur le bûcher?
11. Jeanne d'Arc ne servit-elle pas encore la patrie, même après sa mort?
12. Quelle ville les Anglais possédaient-ils encore dix ans après?
13. Quel est le devoir de tout bon patriote?

XXXIII (33)

L'état civil

La tristesse n'est jamais de bien longue durée chez ce cher petit peuple d'enfants à l'esprit si mobile[1]; mais ce jour-là, il fallut l'arrivée de M. Berthelot pour rendre à tous leur gaieté habituelle.

Ce bon M. Berthelot, qui adorait les enfants en général, et ceux de son ami Durand en particulier, avait les poches les plus extraordinaires du monde.

Explication des mots. — 1. Changeant, inconstant.

Elles étaient toujours remplies de bonbons; et quelquefois, en faisant sortir son mouchoir, il en tirait par le plus grand des hasards, une poupée, un pistolet, un livre : les deux jolis petits chardonnerets de Berthe, eux-mêmes, venaient de la poche de M. Berthelot. Il prétendait que c'était son tailleur qui lui jouait ces tours là, et qui lui laissait des paquets de choses très gênantes dans les doublures de ses paletots; aussi Berthe avait souvent supplié son père d'aller chez ce même tailleur; seulement M. Berthelot, qui n'avait pas beaucoup de mémoire, en oubliait toujours l'adresse, oubli bien fâcheux vraiment.

Fig. 90. — M. Berthelot avait les poches les plus extraordinaires du monde.

— Tiens, voilà Berthelot, fit l'oncle Jules en se levant pour lui tendre la main, lorsque celui-ci ouvrit la porte. Comment cela va-t-il, mon ami?

— Cela va comme quelqu'un d'absolument éreinté[1]. Je crois que tout Rouen s'est donné le mot pour se marier ces jours-ci; j'ai eu cinq mariages ce matin.

— C'est donc toi qui tiens l'*état civil*, maintenant?

— Non, c'est Bourgoing; seulement depuis huit jours je fais sa besogne et la mienne : il est à Paris.

— Qu'est-ce que c'est donc que l'*état civil*? demanda Ernest.

— Comment! mon ami, c'est un citoyen de tou

âge qui demande une chose pareille ; tu ne sais pas ce que c'est que l'*état civil*? — Et M. Berthelot le regarda par-dessus ses lunettes.

— Non, Monsieur, je ne sais pas.

— Eh bien, je vais dire cela à Berthe, pour qu'elle soit aussi savante que son grand-frère. Et puis d'ailleurs nous allons nous marier ensemble un de ces jours, et il faut savoir ces choses-là, n'est-ce pas, mignonne ? — Et il souleva l'enfant dans ses bras et la posa sur ses genoux.

— Voilà mes enfants, ce que c'est. Dans toutes nos mairies, il y a trois registres : celui des *naissances*, celui des *mariages* et celui des *décès* ; on les appelle les *registres de l'état civil.*

Fig. 91.—Quand un petit enfant vient au monde, le papa va à la mairie déclarer la naissance.

Quand un enfant vient au monde, le papa va à la mairie *déclarer la naissance.* Il nous dit si c'est un petit garçon ou une petite fille, et quels prénoms il veut lui donner. Il nous dit aussi comment il s'appelle lui-même, comment s'appelle la maman, où il demeure, et nous inscrivons tout cela sur le *registre des naissances.*

Mais c'est le registre des mariages qui nous intéresse, Berthe et moi, fit-il en embrassant la petite fille. Quand deux personnes, comme nous, par exemple, veulent se marier, il faut aller le dire à la mairie un certain temps à l'avance. Alors on affiche,

sur une liste exposée à l'entrée de la mairie,
les noms et prénoms des deux personnes, pour que
tout le monde sache qu'ils veulent se marier, et
enfin le jour du mariage on les inscrit sur le *registre des mariages.*

Quand quelqu'un meurt, sa mort est aussi

Fig. 92. — Le jour du mariage, M. le Maire inscrit sur le registre des mariages, les noms et prénoms du marié, de la mariée et de leurs témoins.

annoncée à la mairie. On dit le jour et l'heure de
la mort, le nom et l'âge de la personne décédée,
et cette fois nous inscrivons sur le *registre des
décès.*

Celui qui tient tous ces registres s'appelle un
officier d'état civil, et il ne s'amuse pas toujours,
je vous en réponds ; je connais cela depuis huit
jours. Mais je vais me rattraper ce soir, en riant
avec vous.

En effet, le dîner fut très gai. Le pauvre officier d'état civil avait tant d'histoires à raconter, et il les racontait si drôlement, avec tant d'esprit et de verve[1] que tout le monde en riait. Puis il s'occupa des enfants : montrant à Georges comment faire un petit lapin sur le mur avec l'ombre des doigts croisés, expliquant à François comment introduire un œuf dans une carafe, faisant des tours merveilleux avec son rond de serviette, fabriquant des oiseaux, des rats et des bonshommes avec de la mie de pain. Il savait tant de choses amusantes, et puis il était si bon, si gai, si affectueux qu'au bout d'une demi-heure il semblait aux enfants que c'était un vieil ami, et qu'ils l'avaient connu toute leur vie.

EXERCICES ORAUX OU ÉCRITS

1. Dites ce que c'est que l'état civil.
2. Combien y a-t-il de registres de l'état civil?
3. Quel nom porte celui qui tient les registres de l'état civil?

XXXIV (34)

Le département. — La commune.

Après dîner, au lieu de suivre les autres, M. Berthelot s'installa dans un petit coin avec Ernest, qui avait été chercher son atlas, et tous deux paraissaient complètement absorbés lorsque l'oncle Jules vint les trouver.

Explication des mots. — **1.** De chaleur, d'animation.

— Vous tramez donc quelque complot[1], là-bas, dans votre coin, dit-il.

— Non, mon ami, nous préparons notre examen, mais dans dix minutes nous serons à vous.

M. Berthelot reprit sa conversation avec Ernest :

— Voilà qui est bien travaillé, dit-il, pour cela tu passeras haut la main. Maintenant voyons un peu la France. Saurais-tu me dire, en deux mots, comment elle est organisée, par exemple?

—Oui, Monsieur, la France est divisée en *départements*, et chaque département a son *préfet* pour s'occuper de ses affaires; puis le département est divisé en *arrondissements* où il y a des *sous-préfets;* après cela les arrondissements sont divisés en *cantons* et les cantons en *communes,* où c'est le *maire* qui s'occupe des affaires.

Fig. 93. — Le conseil municipal se réunit pour voter le budget de la commune.

— C'est cela. Mais voilà la petite sœur et tous les petits cousins qui viennent savoir ce que nous faisons ici. Viens, Berthe, tu vas m'aider à faire le professeur pour tous ces grands garçons-là ; nous allons jouer au maître d'école.

Explication des mots. — **1.** Résolution concertée secrètement et dont le but est souvent coupable.

Et il installa l'enfant à sa place habituelle sur ses genoux, où elle resta grave et tranquille comme un petit juge.

— Tu dis, Ernest, que le maire s'occupe des affaires de la commune. Est-ce qu'il est tout seul, le pauvre homme? N'a-t-il personne pour l'aider?

— Si, Monsieur, il y a les *adjoints*.

— Oui, il y a toujours un ou plusieurs adjoints. Mais ne vois-tu pas encore d'autres personnes?

Ernest hésita :

— Et toi, André, fit M. Berthelot, en remarquant les yeux brillants et la mine éveillée du petit garçon.

— Monsieur, il y a le *conseil municipal*.

— C'est cela, mon ami. Le conseil municipal s'occupe de tout ce qui intéresse la commune. Il est nommé par tous les citoyens de la commune et c'est lui qui choisit le maire et les adjoints. Une de ses plus importantes attributions[1] est de voter le *budget*. Savez-vous ce que c'est qu'un budget, les uns ou les autres? Nous en parlerons tout à l'heure.

EXERCICES ORAUX OU ÉCRITS

1. Comment la France est-elle divisée?
2. Qu'y a-t-il à la tête de chaque département?
3. En quoi se divise l'arrondissement?
4. Quel fonctionnaire est à la tête de l'arrondissement?
5. Dites le nom du magistrat placé à la tête de la commune.
6. Par qui est-il aidé?
7. De quoi s'occupe le conseil municipal?
8. Par qui est-il nommé?
9. Quelle est la plus importante de ses attributions?

Explication des mots. — **1.** Prérogatives, l'une des choses dont il est spécialement chargé.

XXXV (35)

Le budget de la commune.

— Je demandais, dit M. Berthelot, ce que c'est qu'un budget, qui pourrait me le dire?

— Le *budget* de quelqu'un ce sont ses comptes, où il écrit l'argent qu'il dépense et l'argent qu'il reçoit, dit Ernest.

— Parfaitement, voilà ce que c'est qu'un bud-

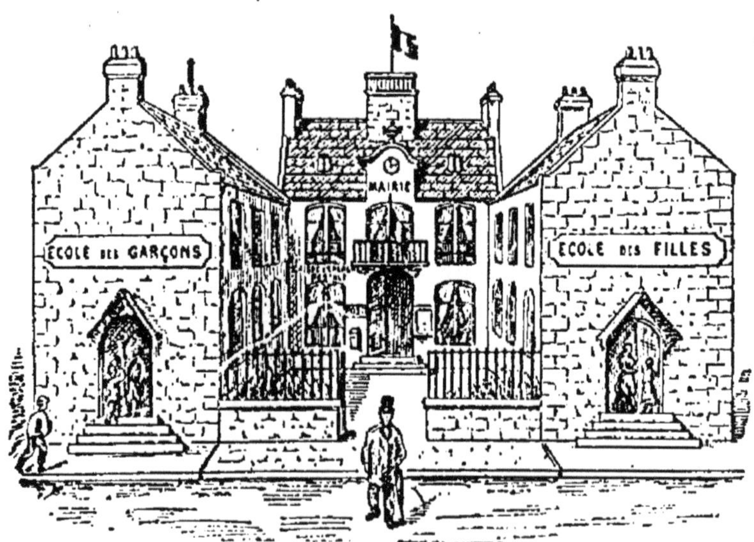

Fig. 94. — C'est la commune qui fait bâtir et qui entretient la mairie, l'école des garçons et l'école des filles.

get. Et que ce soit le budget de la commune ou celui de l'État, c'est toujours la même chose : il nous tient au courant des *dépenses* et des *recettes*. Car la commune et l'État ont des dépenses et des recettes, tout comme vos mamans; ainsi c'est la commune qui entretient, par exemple, l'école, l'église, le cimetière, les rues, les chemins; qui aide à payer l'instituteur et l'institutrice, et qui fait beaucoup de choses encore. Naturellement pour tout cela il faut de l'argent, et c'est le conseil municipal qui décide combien d'argent la commune pourra dépenser dans son année.

— Mais où donc prend-il tout cet argent-là? demanda François.

— Cet argent est en partie le produit des biens de la commune, car souvent elle possède des terres, des prés ou des bois; et l'argent que l'on obtient en vendant les arbres, ou en louant les pâturages est à elle. De plus, chaque marchand de la halle paie sa place, n'est-ce pas : cet argent est encore à la commune ; les jours de foire, ceux qui veulent vendre sur la grande place payent également, et

Fig. 95. — Chaque marchand de la halle paie sa place; cet argent est encore pour la commune.

c'est toujours à la commune. Et puis dans les villes, il y a encore autre chose, quelque chose de très important, même, et qui nous rapporte beaucoup d'argent, c'est l'*octroi*.

— C'est à l'octroi que papa a payé pour les perdrix que nous avons rapportées de chez M. Blanche, dit Berthe ; puis c'est à moi que l'homme a rendu la monnaie. — Et elle regarda son ami, encore toute radieuse de ce souvenir qui prouvait son importance

— Oui, ma mignonne, ça ne m'étonne pas, tu

as l'air si raisonnable, fit-il en souriant. Donc vous le voyez, on paye pour le vin, le bois, le beurre, les poulets, et pour beaucoup de choses encore. Cela fait quelquefois de grosses sommes à la fin de l'année, et naturellement tout cela revient à la commune.

Fig. 95 bis. — Beaucoup de denrées, les matériaux de construction et une grande quantité d'objets payent à l'octroi; cet argent revient à la commune.

— Je voudrais bien être commune, dit Georges, je serais bientôt riche.

— Oui, mon petit garçon, si tu n'avais qu'à mettre l'argent dans ta poche, mais tu sais bien ce qu'on fait avec cet argent: je te l'ai dit tout à l'heure. C'est avec cela qu'on bâtit des écoles pour les petits garçons et les petites filles, qu'on paye l'instituteur pour leur apprendre beaucoup de

Fig. 96. — C'est avec l'argent de la commune que sont construits les lavoirs où les mamans vont laver le linge de leurs petits enfants.

bonnes choses, qu'on fait des lavoirs pour qu'ils puissent avoir un joli petit tablier propre tous les matins.

Voilà comme l'argent file; maintenant c'est l'affaire des conseillers municipaux de veiller à ce que

les dépenses ne soient pas plus fortes que les recettes, sans quoi, qu'est-ce qui arriverait, Ernest ?

— Eh bien, Monsieur, quand on dépense plus
d'argent qu'on en a, on fait des *dettes*[1].

— Précisément ; alors c'est la misère, les choses
ne peuvent plus marcher du tout. Le maçon ne
peut pas bâtir l'école, l'instituteur ne peut pas
vivre si on ne le paye pas, et on ne pourra pas les
payer si l'on a dépensé l'argent ailleurs. Il faut
toujours faire grande attention voyez-vous, et y
regarder à deux fois avant de dépenser ; il faut se
dire : « Aurai-je bien de quoi payer ? » sans quoi on
est perdu. C'est si facile de dépenser de l'argent ! Et
pour tous les budgets, c'est la même chose, mes
enfants : pour le budget du département, pour le
budget de l'État, pour celui de vos mamans, c'est
toujours la grande question, que cette égalité des
recettes et des dépenses.

— Comme vous êtes sages par ici ! dit la tante
Estelle en entrant.

— Oui, oui, dit l'oncle Jules en riant. C'est
Berthelot qui raconte aux enfants, que sans les
conseillers municipaux nous serions tous dans la
misère et criblés de dettes, que nous n'aurions
plus ni maçon, ni instituteur, que la France serait
perdue, enfin ce serait l'abomination de la déso-
lation si Berthelot et ses collègues n'étaient pas là
pour surveiller nos intérêts, et il demande qu'on
élève une statue à tous les conseillers municipaux
de France, n'est-ce pas, Berthelot ?

— Certainement mon ami, c'est une excellente

Explication des mots. — **1.** On doit de l'argent.

idée et très pratique, fit M. Berthelot avec un grand sérieux.

— C'est égal ils doivent être bien payés, les conseillers municipaux, dit François, car ils ont pas mal à faire, n'est-ce pas mon oncle?

— Non, mon enfant, ils ne sont pas payés du tout, ni le maire, ni les adjoints, ni aucun des conseil-

Fig. 97. — Le Conseil général se réunit pour voter le budget du département.

lers municipaux. Ils font toute cette besogne par dévouement.

— Eh bien, c'est très gentil de travailler comme cela pour rien. Est-ce que le préfet aussi travaille pour rien?

— Ah! non, le préfet est payé par l'État.

— C'est lui qui s'occupe du budget de tout le département, n'est-ce pas, M. Berthelot?

— Oui, mon ami, comme le maire s'occupe de celui de la commune et pour cela le préfet est aidé par le *Conseil général*. Mais le préfet a bien

autre chose à faire que de s'occuper du budget;
il faut qu'il veille à ce que les lois votées par
les Chambres soient exécutées convenablement;
voilà même sa grande besogne.

Et maintenant, assez raisonné ; allez jouer, mes
enfants.

EXERCICES ORAUX OU ÉCRITS

1. Qu'est-ce qu'un budget?
2. La commune, l'État, ont-ils des dépenses et des recettes?
3. Qu'entretient la commune?
4. Par qui est fixée la somme qui sera dépensée dans l'année, par la commune?
5. D'où la commune tire-t-elle l'argent qui lui est nécessaire?
6. Qu'est-ce que l'octroi?
7. Qu'arrive-t-il quand on dépense plus d'argent qu'on en a?
8. Les conseillers municipaux sont-ils payés?
9. Par qui le préfet est-il payé?
10. Est-ce lui qui s'occupe du budget de tout le département?
11. Qu'est-ce que le Conseil général ?
12. Dites quelle est la besogne la plus importante du préfet.

XXXVI (36)

Le budget de l'État.

— Avant d'aller jouer, Monsieur, dit Ernest,
je voudrais savoir ce que c'est que le *budget de
l'État*.

— Quel zèle ! très bien, très bien, répondit
M. Berthelot. Allons jusqu'au bout.

— *Le budget de l'État*, mon cher enfant, est
le budget de toute la France, car l'*État c'est la
France*. Quand nous disons qu'une chose appartient à l'État, c'est comme si nous disions qu'elle
appartient à la France.

— Et qui donc s'occupe du budget de l'État?

— Voilà une question qui m'étonne, Ernest ; réfléchis donc un peu, et tu vas me le dire toi-même.

— Ah ! c'est vrai, ce sont les Députés, les Sénateurs, bien sûr?

— Mais certainement, et ce n'est pas une petite affaire que le budget de la France ! Pense donc que

Fig. 98. — 1. Professeur, 2. Juge de paix, 3. Préfet, 4. Gendarme, 5. Évêque. Tous ces fonctionnaires et beaucoup d'autres sont payés sur le budget de l'État.

c'est l'État qui paye les professeurs, les juges, les préfets, les évêques, les gendarmes, les percepteurs et beaucoup d'autres fonctionnaires, sans parler des soldats. Et il en faut de l'argent pour la solde[1], la nourriture, l'uniforme et puis les fusils, les canons, les chevaux. C'est une dépense énorme que celle de *l'armée*, mais une dépense nécessaire, car c'est l'armée qui défend nos frontières, qui protège nos biens et notre liberté ; sans nos braves soldats nous serions tous les jours à la merci de l'ennemi.

— Et puis il y a les *marins* encore, dit Ernest.

Explication des mots. — **1.** Paye donnée aux soldats.

— Oui, il ne faudrait pas les oublier, ceux-là. Les marins sont en général extrêmement braves et dévoués, mais cela n'empêche pas qu'ils nous coûtent joliment cher avec leurs grands *vaisseaux de guerre;* ainsi un seul de ces vaisseaux-là coûte quelquefois de 10 à 15 millions de francs : jugez un peu à quelles sommes énormes revient la flotte entière ! Et puis, c'est l'État qui construit les casernes, les forteresses, les lycées, les musées, qui entretient les grandes routes et les canaux. Enfin c'est prodigieux ce que la France dépense tous les ans pour la sécurité et le bien-être de ses enfants.

Fig. 99. — C'est l'armée qui défend nos frontières et qui protége nos biens et notre liberté.

— Eh bien, j'ai beau réfléchir, je ne comprends pas où les députés peuvent trouver tant d'argent que cela, dit Ernest. Car enfin, il faut des millions et des millions, puisque rien qu'un seul vaisseau de guerre prend 15 millions.

— Peut-être que l'État possède des terres comme la commune, dit François.

— En effet, mon enfant, l'État possède des biens comme la commune, surtout des bois. C'est déjà quelque chose, mais ce ne sont pas ses bois qui lui rapportent le plus, ce sont les *impôts.* Vous ne savez peut-être pas très bien ce que c'est que les impôts?

— Je sais bien que c'est quelque chose qu'il

faut payer, mais je ne sais pas comment, dit Ernest.

— Eh bien, je vais tâcher de vous l'expliquer.

Leçons de choses.

Fig. 100. — Navire de guerre. — Les **navires de guerre** sont de différents types, celui-ci est un **transport.** On appelle ainsi des navires destinés à transporter pour l'État, des hommes, des chevaux, des vivres, des munitions et une foule d'objets ; ils sont tous à vapeur et présentent une installation spéciale selon qu'on les destine à être *transport-hôpital, transport-écurie*, etc.

Nous venons de dire qu'il faut beaucoup d'argent pour des dépenses dont tout le monde profite. Car l'armée défend tout le monde, la grand'route sert à tout le monde, les musées sont publics. Par conséquent, puisque tout le monde en profite, il est juste que tout le monde les paye. Et voilà pourquoi on s'est arrangé afin que chacun donne quelque chose pour aider l'État à faire tout cela. Et ce quelque chose s'appelle l'*impôt*.

— Je comprends très bien que tout le monde donne quelque chose, dit André ; mais est-ce que tout le monde donne la même chose, autant les uns que les autres, je veux dire ?

— Mais non, ce ne serait pas juste du tout, dit François vivement ; un ouvrier qui n'a que 40 sous par jour ne peut pas donner autant qu'un homme riche, n'est-ce pas, M. Berthelot ?

— Bien entendu ; pour être juste il faudrait que chacun payât selon sa fortune ; le riche donnant plus que le pauvre, et juste en proportion de sa richesse. Mais c'est une grosse question, bien difficile que celle des impôts. Nos députés cherchent bien à régler tout cela le plus justement possible, mais ce n'est pas commode. D'abord comment savoir la fortune des gens ?

— Çà, c'est vrai, dit François avec son petit air convaincu, ce ne doit pas être facile.

EXERCICES ORAUX OU ÉCRITS

1. Qu'est-ce que le budget de l'État ?
2. Qui s'occupe du budget de l'État ?
3. L'État a-t-il à payer beaucoup de choses ?
4. Que coûte un navire cuirassé ?
5. D'où l'État tire-t-il ses ressources ?
6. Qu'est-ce que l'impôt ?
7. Chacun paye-t-il la même somme d'impôt ?
8. Quel serait l'impôt le plus juste ?

Questions sur les leçons de choses.

Fig. 100. — Y a-t-il différents types de navires de guerre ? — Qu'est-ce qu'un transport ? — Les transports sont-ils à voiles ou à vapeur ? — Qu'est-ce qu'un transport-hôpital ? — un transport-écurie ?

XXXVII (37)

Les divers impôts.

— Eh bien, pour le recouvrement[1] des impôts voilà comment on s'y prend. On se rend compte de ce que possède chaque citoyen en fait de terres, et on vient lui dire : « Monsieur, vous possédez tant d'hectares[2], vous payerez tant d'argent. » Naturellement, ceux qui ne possèdent rien, ne payent rien non plus; mais plus on possède plus on paie.

Fig. 101. — Si votre maison a *dix fenêtres*, vous paierez le double de ce que paie votre voisin dont la maison n'en a que *cinq*.

— Ça c'est très bien, dit François, et c'est tout à fait juste.

— C'est ce qu'on appelle l'*impôt foncier*, l'impôt sur la terre, dit M. Berthelot. Maintenant, on a imaginé aussi les impôts sur les *portes et fenêtres*. On s'est dit : plus on a une grande et belle maison, avec beaucoup de portes et fenêtres, plus on est riche; donc pour *cinq fenêtres*, par exemple, vous paierez tant, et pour *dix*, vous paierez le double : comprenez-vous?

— Oui, oui, Monsieur, très bien.

— Ces impôts-là ou mieux ces contributions s'appellent les *contributions directes*.

— Est-ce qu'il y a des *impôts indirects*? demanda François.

— Sais-tu bien, maître François, que ce n'est pas facile, ce que tu me demandes là? Mais ç'est égal nous allons comprendre tout de même, vous allez voir. Vous vous rappelez bien ce que c'est que l'octroi, n'est-ce pas?

— Oui, Monsieur, c'est à l'octroi qu'on paye pour le beurre et pour tout ce qui entre en ville.

Fig. 102. — Quand Françoise achète du sucre chez l'épicier, elle paie l'impôt sans s'en douter.

— Parfaitement. Eh bien, beaucoup de choses qui nous viennent de l'étranger : le sucre, le café, le coton par exemple, payent aussi pour entrer dans le pays, pour entrer en France. Les octrois qui se trouvent à la frontière, à l'entrée du pays s'appellent les *douanes*.

Vous comprenez bien que le marchand qui fait venir ces denrées' est obligé de les vendre plus cher et d'ajouter à leur valeur le prix de l'impôt qu'il a payé.

— Ah! bon, bon; je comprends parfaitement, s'écria François. Comme cela, chaque livre de café et chaque livre de sucre sont un petit peu plus chères, à cause de l'impôt de la douane.

____

Explication des mots. — 1. Marchandises.

— Et tous ceux qui achètent du café ou du sucre payent l'impôt, ajouta Ernest.

— C'est cela même ; vous avez très bien compris, mes enfants.

— Quand Françoise achète du sucre chez l'épicier, elle paye donc l'impôt? demanda Georges.

— Oui, mon petit garçon, Françoise paye l'impôt toutes les fois qu'elle achète du sucre chez l'épicier : c'est cela qui est drôle, n'est-ce pas?

— Mais oui, c'est drôle je suis sûr qu'elle ne le savait pas.

Fig. 103. — Les gendarmes sont payés par l'État. Ils ont pour mission de défendre les honnêtes gens et d'arrêter les voleurs.

vait pas.

— Oh! c'est bien possible.

Fig. 103. *bis*. Je l'empêcherais d'envoyer ses enfants à l'école, dit François.

— Maintenant, François, toi qui aimes la justice, qu'est-ce que tu ferais à quelqu'un qui refuserait de payer l'impôt?

— Eh bien, Monsieur, je l'empêcherais de se servir de la grand'route, d'abord, dit François en riant je l'empêcherais d'envoyer ses enfants à l'école ; j'empêcherais les gendarmes de le défendre contre les voleurs; je l'empêcherais de s'adresser aux juges pour se faire rendre justice.

— Quelle excellente nature ! interrompit M. Berthelot.

— Mais, Monsieur, ce serait très juste ; quand on prend quelque chose sans le payer, on vole. Eh bien, si on faisait travailler les gens qui font les

Leçons de choses.

Fig. 104. — Maison en construction. — Les maisons sont bâties par plusieurs catégories d'ouvriers les *maçons, charpentiers, menuisiers, couvreurs, serruriers peintres, vitriers, etc.* qui emploient comme matériaux, la *pierre,* la *brique,* le *bois,* le *fer,* le *plâtre,* le *sable,* la *chaux,* etc. Au fur et à mesure que la construction qu'ils ont commencée par les fondations s'élève, ils dressent des échafaudages qui leur permettent de travailler à toute hauteur et une grue avec laquelle ils enlèvent facilement les matériaux les plus lourds.

routes, qui bâtissent les écoles, qui vont se battre pour vous, et tout cela, sans les payer, çà ne serait pas honnête.

— Parfaitement raisonné, mon petit ami. Et maintenant, voici ce terrible oncle Jules qui vient nous gronder d'avoir été si bavards.

Allez jouer un peu, puis au lit! sans quoi, demain matin vous pourriez manquer le train de six heures et demie.

EXERCICES ORAUX OU ÉCRITS

1. Dites ce que c'est que l'impôt foncier.
2. Parlez de l'impôt sur les portes et fenêtres.
3. Qu'appelle-t-on contributions directes?
4. Y a-t-il des impôts indirects?
5. Comment appelle-t-on les octrois établis à la frontière française?
6. Paye-t-on l'impôt sur le sucre et le café?
7. Est-il honnête de ne pas payer l'impôt?

Questions sur les leçons de choses.

Fig. 104. — Par qui les maisons sont-elles bâties? — Quels matériaux emploie t-on? — Par où commence-t-on la construction d'une maison? — A quoi servent les échafaudages? — La grue?

TROISIÈME PARTIE

—

LE HAVRE

XXXVIII (38)

En route pour le Havre.

Le lendemain matin, à six heures, la joyeuse
petite bande était déjà sur pied, et partait pour la
gare.

Toute trace d'orage avait disparu, l'air était frais
et tranquille. Au delà de Rouen, les prairies étaient
encore couvertes de rosée, de petites gouttes trem-
blottaient aux feuilles des arbres, et là-bas, dans la
plaine, les brouillards du matin se dissipaient à
l'approche du soleil. On voyait les paysans déjà au
travail dans les champs. Ici des moissonneurs à
demi perdus dans les blés s'arrêtaient un moment
pour voir passer le train, puis se remettaient à la
besogne. Là-bas, c'était un berger appuyé sur son

grand bâton qui surveillait un troupeau ; tout auprès, un garçon de ferme faisait boire ses chevaux, et puis au loin, dans les villages, on voyait la fumée bleuâtre s'élever doucement. Toute cette campagne si paisible, était pleine de vie.

— Oh! viens voir ce petit cheval! comme il danse! viens donc voir Georges, s'écria Berthe en montrant un petit poulain qui folâtrait dans un champ, auprès de sa mère. Est-il joli, regarde donc comme il saute! Et les deux enfants s'amusaient à suivre ses gambades, riant aux éclats.

Leçons de choses

Fig. 106. — La jument n'a qu'un poulain à la fois, elle le nourrit de son lait pendant six à sept mois; on ne commence à le dresser qu'à l'âge de deux ans et demi où trois ans. — Vers l'âge de cinq ans le cheval a terminé toute sa croissance ; mais il n'est dans toute sa force qu'à huit ans.

— J'aimerais bien être un petit cheval, pour rester toujours à la campagne, dit Berthe, et toi?

— Mais les chevaux ne restent pas toujours à la campagne, répliqua son petit cousin avec beaucoup de sagesse; peut-être bien que quand il sera grand, il ira à Paris, celui-là, pour être cheval de fiacre, ou cheval d'omnibus.

— Oh! j'espère que non! pauvre petite bête.

— Tiens, c'est pour cela qu'on les élève, dit Georges, avec toute l'expérience et l'autorité de ses huit ans.

— Et puis, pour faire des souliers, ajouta Ernest par derrière.

La fillette se retourna. — Toi, Ernest, tu me taquines toujours, fit-elle, en voyant qu'il riait. Qu'est-ce qui ferait des souliers avec un cheval,

voyons ? Ceci fut dit d'un air tellement indigné que tout le monde se mit à rire.

— Et les tiens, avec quoi sont-ils donc faits ? demanda son frère.

— Mes souliers sont faits avec du *cuir*, et pas avec du cheval, répliqua-t-elle, en rapprochant gravement les coins de sa petite bouche.

Leçons de choses.

Fig. 107. — Il existe à Paris et dans beaucoup de villes, des voitures appelées **fiacres**, qui moyennant un prix convenu, pour la course ou pour l'heure, conduisent les voyageurs dans tous les endroits où il leur plaît d'aller.

— Eh bien ! petite niaise, tu ne sais donc pas ce que c'est que du cuir ?

— Et toi, Ernest, tu l'aurais donc su, si on ne te l'avait pas dit ? lui demanda son père.

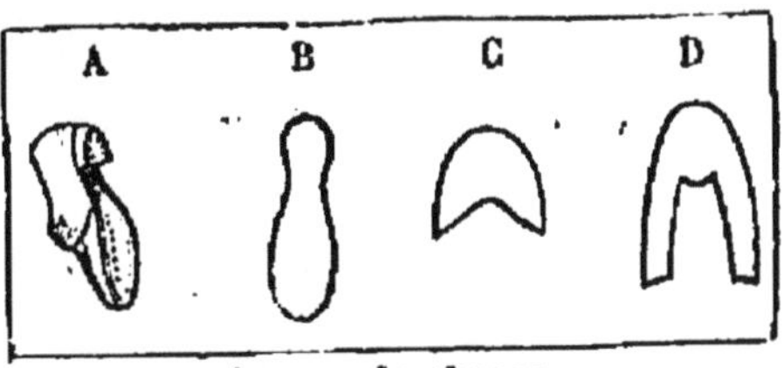

Leçons de choses.

Fig. 107bis. — Les souliers se font avec du *cuir* et quelquefois avec une partie en *étoffe*. Le soulier (A) se compose de la *semelle* (B) en cuir fort, bien battu ; de l'*empeigne* (C) qui est soit en cuir, soit en étoffe et du *quartier* (D).

Ernest un peu confus, baissa la tête sans répondre.

EXERCICES ORAUX OU ÉCRITS

1. Donnez une description de la campagne telle que la voient les enfants à leur sortie de Rouen.

2. Qu'est-ce qu'un poulain ?

3. Qu'emploie-t-on pour faire des souliers ?

Questions sur les leçons de choses.

Fig. 106. — Combien la jument a-t-elle de poulains à la fois?
— Pendant combien de temps le nourrit-elle? — A quel âge commence-t-on à le dresser? — A quel âge le cheval est-il dans toute sa croissance? — Dans toute sa force?

Fig. 107. — Qu'est-ce qu'un fiacre?

Fig. 107bis. — Avec quoi se font les souliers? — Dites le nom des parties d'un soulier.

XXXIX (39)

Le cuir.

— Au lieu d'appeler ta sœur petite niaise, tu ferais mieux de lui dire ce que c'est que le cuir et

Leçons de choses.

Fig. 108. — LE TANNAGE DES PEAUX. — Le tannage a pour but de transformer en cuir les peaux d'animaux. On commence par laver les peaux pour les ramollir, puis on procède au *pelanage* qui consiste à les débarrasser de l'épiderme[1] et des poils au moyen de la *chaux* et de produits chimiques. Cette opération est suivie du *débourrage*; pour cela on enlève le poil et la chair en raclant la peau de bas en haut avec un couteau émoussé (**Fig. A**). On passe ensuite au *gonflement*, les peaux sont introduites dans des cuves contenant une dissolution de *tannée* acide appelée *jusée*. Après y être restées quinze jours on les en retire pour le tannage proprement dit et on les porte aux *fosses* (B) où on les dispose par couches séparées par du tan. Elles y séjournent de trois à six mois.

On emploie surtout comme *tan*, l'écorce de *chêne*; le saule, l'aulne, le châtaignier, le sumac fournissent aussi du tan.

comment on le prépare. Voyons un peu tes connaissances sur ce sujet.

Heureusement pour Ernest, le plus cher de ses

camarades de classe était justement le fils d'un
tanneur, et plusieurs fois il était allé jouer chez lui,
de sorte qu'il savait à peu près ce qui se passe dans
une *tannerie.*

— Eh bien, on fait *le cuir,* avec des peaux
d'animaux, fit-il, des peaux de vaches, de bœufs,
de chevaux. Quand elles arrivent à la tannerie, on
les lave bien comme il faut, et puis avec un grand
couteau, on racle les poils. Après cela, on les entasse
dans des espèces de grands bassins, avec du *tan;*
on met une couche de peaux, et une couche de tan,
et toujours comme cela jusqu'à ce que le bassin
soit plein. Chez M. Renault, il y a une petite rigole
qui amène l'eau jusque dans le bassin. On laisse
alors les peaux là-dedans pendant cinq ou six mois,
je crois, et quand on les sort, elles sont devenues
du cuir.

— Tout cela est parfaitement exact; mais
qu'est-ce que c'est que ce tan avec lequel on laisse
les peaux pendant si longtemps?

— Auguste Renault m'a dit que c'était de
l'écorce de chêne broyée.

— Et il a raison; en effet dans nos pays c'est de
l'écorce de chêne qu'on extrait le *tannin*; mais le
sapin, le châtaignier, le hêtre, et beaucoup d'autres
plantes renferment également du tannin. Et pourquoi faut-il du tannin?

Ernest réfléchit un moment avant de répondre.

— Il faut bien mettre les peaux dans l'eau, dit-il
enfin, sans quoi elles deviendraient dures, et se
casseraient, et je pense que si on les laissait dans
l'eau sans rien autre chose, elles pourriraient.

— Très bien répondu, mon garçon; on les tient humides pour les empêcher de devenir dures et cassantes, et on ajoute le *tan*, pour les empêcher de pourrir.

— Mais comment est-ce que l'écorce de chêne peut les empêcher de pourrir? demanda André.

— Je ne peux pas aujourd'hui t'expliquer ce comment; je peux seulement te dire que c'est comme cela. L'eau fait fondre le *tannin* renfermé dans l'écorce; il pénètre alors dans les peaux, et nous savons qu'une fois bien imprégnées[1] de ce tannin, il n'y a plus de danger qu'elles pourrissent.

EXERCICES ORAUX OU ÉCRITS

1. Qu'est-ce qu'une tannerie?
2. Qu'un tanneur?
3. Avec quoi fait-on le cuir?
4. Que fait-on quand les peaux arrivent à la tannerie?
5. Comment les entasse-t-on dans les bassins?
6. Combien les y laisse-t-on de mois?
7. Qu'est-ce que le tan?
8. Qu'en retire-t-on?
9. N'y a-t-il pas d'autres plantes qui contiennent du tannin?
10. Pourquoi met-on les peaux dans l'eau?
11. Quel effet le tannin produit-il sur elles?
12. Une peau bien imprégnée de tannin, peut-elle pourrir?

Questions sur les leçons de choses.

Fig. 108. — Quel est le but du tannage? — Que fait-on aux peaux pour commencer? — Qu'est-ce que le pelanage? — Décrivez le débourrage. — Comment se fait le gonflement? — Que contiennent les cuves? — Combien les peaux y restent-elles de temps? — Comment les dispose-t-on dans les fosses pour le tannage proprement dit — Combien de mois y séjournent-elles? — Qu'est-ce que le tan? — Dites le nom des arbres qui fournissent aussi du tan.

Explication des mots. — **1.** Bien pénétrées, quand le tannin est entré dans toutes leurs parties.

XL (40)

Les Insectes.

— En voilà des chênes, et de superbes ! s'écria Mme Durand en se levant pour mieux voir un groupe d'arbres tout près de la ligne.

— En effet, ils sont superbes, ces grands arbres, dit son mari. Ce n'est pas d'hier qu'ils sont là. Nous allons pouvoir les admirer tout à notre aise, car voilà le train qui s'arrête.

— Viens voir, Berthe, lui dit sa tante. C'est l'écorce de ces arbres-là, vois-tu, qu'on met avec les peaux pour qu'elles deviennent du cuir.

— Oh ! que c'est joli ces petites branches avec les glands ! s'écria la fillette. Ernest, va donc en chercher une petite branche, une toute petite avec des glands, veux-tu ?

Ernest regarda son père.

— Oui, oui, va donc. Il y a le temps ; dix minutes d'arrêt.

Leçons de choses.

Fig. 109. — Le chêne est un des plus beaux arbres de nos forêts. Son bois dur et résistant est très employé dans la construction, dans la menuiserie et dans l'ébénisterie[1]. Son *écorce* sert à préparer le *tan*. L'écorce du *chêne-quercitron*, qui croît en Amérique sert à teindre en jaune ; le *chêne-liège*, pousse dans l'Europe méridionale et en Algérie, il fournit le *liège*.

Explication des mots. — LEÇONS DE CHOSES. **1.** La fabrication des meubles.

Mais François était déjà au pied de l'arbre, où il s'arrêta, pour choisir sa branche.

— Merci, François, tu es gentil. Il y a trois, cinq, six glands! Oh! papa, regarde donc ces drôles de petites boules sur cette feuille. Qu'est-ce que c'est que cela? et elle lui porta son trésor.

— Ce sont des *noix de galle*, mon enfant. On fait de l'encre avec ces petites boules-là.

— Mais qu'est-ce que c'est? Comment donc poussent-elles là?

— C'est une petite mouche qui vient piquer les feuilles; dans chaque petit trou qu'elle fait, elle laisse un œuf et bientôt dans les endroits piqués on voit pousser les petites boules que voilà.

Leçons de choses.

Fig. 110. — L'abeille est un insecte connu sous le nom de *mouche à miel.*

Les abeilles se réunissent en grand nombre et forment des *essaims* composés de trois genres d'insectes : les *mâles* ou *faux bourdons*, les *ouvrières* ou *neutres* et les *femelles* appelées *reines*. Seules les ouvrières travaillent et secrètent le **miel** et la **cire**. Les mâles et les femelles ne partagent pas leurs travaux.

— Et on fait de l'encre avec cela?

— Oui, mon enfant, on fait de l'encre, et on s'en sert encore dans les teintureries pour les teintures noires.

— Elle est bien utile alors, cette petite mouche, dit Berthe.

— En voilà encore une autre également utile, dit Mme Durand en soulevant doucement le bout de son ombrelle sur lequel se promenait une *abeille* qui avait perdu une aile.

Explication des mots. — Leçons de choses. **1.** Colonies d'abeilles.

— Mais c'est une mouche à miel, ma tante, elle va te piquer ! dit Berthe en reculant.

— Non, mon enfant, les abeilles ne sont pas méchantes, elles piquent seulement quand on les taquine et nous n'allons pas la taquiner. Elle est malade, vois-tu, elle a perdu une aile et une patte aussi, ajouta-t-elle en la regardant de plus près, car elle n'en a plus que cinq. Pauvre petite abeille !

— Les abeilles ont donc six pattes? demanda André.

— Oui, et les mouches aussi, et les papillons, et les

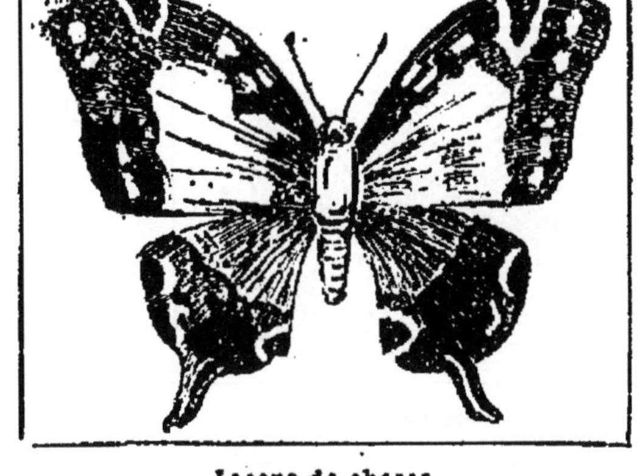

Leçons de choses.

Fig. 111. — Comme l'abeille, le papillon est un insecte. Les espèces en sont très nombreuses et se divisent en *papillons diurnes* ou de jour et en *papillons nocturnes* ou de nuit.
Les papillons diurnes sont souvent revêtus des plus brillantes couleurs.

hannetons et tous les *insectes*. Tâchez de vous rappeler cela, mes enfants : *tous les insectes ont six pattes.*

— Mais non, ma tante, mais non, pas tous, s'écria François. Voici une araignée que je viens d'attraper; elle en a huit.

— Pas de chance ! pas de chance ! mon pauvre François, l'araignée n'est pas un insecte.

— Pourquoi donc n'est-ce pas un insecte? C'est une petite bête comme les autres.

— Tu vas voir pourquoi l'araignée n'est pas un

insecte, dit Mme Durand, en souriant. Tous les insectes, sans exception, ont d'abord le corps divisé en trois parties bien distinctes. Regarde sur notre abeille : voici la *tête*, le *corselet*[1] et l'*abdomen*[2], que nous retrouvons toujours chez tous les insectes. Ainsi le corps divisé en *trois parties* et *six pattes*, voilà les caractères de l'insecte. Regarde donc ton araignée, maintenant : elle n'a pas le corps divisé en trois, et elle a *huit pattes* au lieu de six, par conséquent ce n'est pas un insecte.

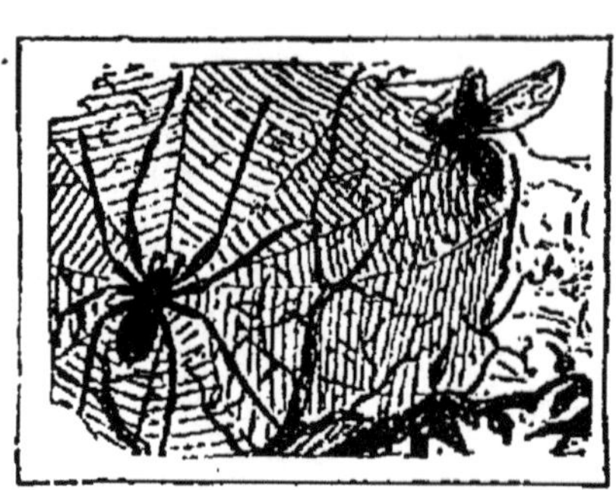

Leçons de choses.

Fig. 112. — L'araignée que vous connaissez tous, habite nos maisons, les coins des murailles, les caves, les haies, les arbustes, elle se nourrit de mouches et de petits insectes qu'elle prend dans la *toile* qu'elle tisse au moyen de deux organes appelés *filières*. Ces animaux ont quatre paires d'yeux.

— Pauvre petite abeille! tu n'iras plus faire du miel; viens donc te promener sur cette jolie feuille.

Et Berthe lui tendait sa branche de chêne.

— Tu sais donc que les abeilles font du *miel*, lui dit Mme Durand.

— Oh! oui, ma tante.

— Mais elles font encore autre chose que du miel, sais-tu quoi?

Berthe secoua la tête, mais Ernest répondit pour elle.

— Elles font de la *cire*, dit-il.

Explication des mots. — 1. Partie du corps des insectes ressemblant un peu à un corset, qui se trouve placée entre la tête et l'abdomen. — 2. Le ventre.

— C'est cela; ces braves petites abeilles commencent par fabriquer beaucoup de petits vases, de petits tuyaux, pour tenir leur miel, et ces petits tuyaux accolés les uns aux autres, dont l'ensemble s'appelle le *rayon*, sont en *cire*.

— Et où donc trouvent-elles la cire pour faire leurs petits vases?

—Dans leur propre corps, mon enfant. La cire suinte[1] entre les anneaux de l'abdomen; alors, avec leurs petites pattes, elles l'enlèvent et, petit à petit, morceau par morceau, elles bâtissent les tuyaux du rayon.

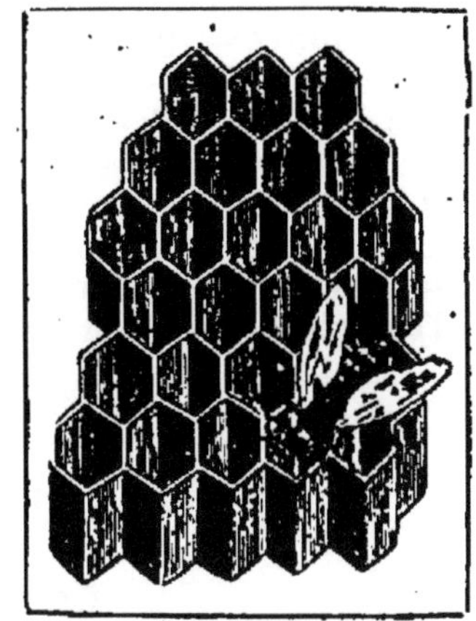

Fig. 113. — Rayon de miel.

EXERCICES ORAUX OU ÉCRITS

1. Quel est l'arbre dont on emploie l'écorce pour préparer le cuir?
2. Dites ce que c'est qu'un gland.
3. Qu'est-ce qu'une noix de galle?
4. A quel usage servent-elles?
5. Comment poussent-elles sur les arbres?
6. Ne les emploie-t-on pas aussi en teinture?
7. Qu'est-ce qu'une mouche à miel?
8. Les abeilles piquent-elles lorsqu'on ne les taquine pas?
9. Combien les insectes ont-ils de pattes?
10. L'araignée est-elle un insecte?
11. En combien de parties le corps des insectes est-il divisé?
12. Citez les noms de ces parties.
13. Résumez ce qui caractérise les insectes.
14. Combien les araignées ont-elles de pattes?
15. Par qui est fait le miel?
16. Et la cire?
17. Comment est fait le rayon et en quoi les abeilles le construisent-elles?
18. Où prennent-elles la cire?

Explication des mots. — 1. Sort, s'écoule d'une manière imperceptible.

Questions sur les leçons de choses.

Fig. 109. — Qu'est-ce que le chêne? — A quoi son bois est-il employé? — A quoi sert son écorce? — Que fait-on de l'écorce du chêne-quercitron? — Que donne le chêne-liège? — **Fig. 110.** — Qu'est-ce que l'abeille? — Qu'est-ce qu'un essaim? — Dites le nom des différents genres d'abeilles. — Par qui le miel et la cire sont-ils faits? — Les mâles et les femelles travaillent-ils? — **Fig. 111.** — Le papillon est-il un insecte? — Qu'est-ce que les papillons diurnes? — Les papillons nocturnes? — **Fig. 112.** — Où habite l'araignée? — De quoi se nourrit-elle? — Comment prend-elle les mouches? — Avec quoi l'araignée tisse-t-elle sa toile? — Combien a-t-elle d'yeux?

XLI (41)

La marée.

Tout en causant ainsi de choses et d'autres, regardant autour de soi, admirant ces beaux champs dorés, ces coteaux boisés et ces vertes prairies de la Normandie, on arriva enfin au Havre.

Leçons de choses.

Fig. 114. — Les **tramways** employés dans beaucoup de villes de France et de l'étranger, sont des voitures publiques établies sur des *rails* de peu de saillie, placés sur les routes et dans les rues. L'avantage de ce système consiste en ce que les chevaux peuvent traîner un poids plus considérable avec moins d'effort que sur une route ordinaire.

L'oncle Jules, qui connaissait parfaitement la ville fut nommé à l'unanimité chef de l'expédition.

— Je pense, dit-il, que ce qu'il y a de plus intéressant au Havre, c'est le *port;* par conséquent, si vous voulez bien, nous irons trouver le tramway qui nous conduira par là pour commencer.

— A tes ordres, commandant, dit M. Durand en lui faisant le salut militaire. Et la petite troupe se mit en branle [1].

Par chance, on aperçut, juste en sortant de la

Leçons de choses

Fig 115. — LE PORT DU HAVRE. — Le Havre est une sous-préfecture du département de la Seine-Inférieure, sa population qui augmente d'année en année dépasse 100 000 habitants. C'est une des plus commerçantes villes de France. Placé à l'embouchure [2] de la Seine, le Havre possède une rade [3] superbe, son port a neuf bassins à flot [4] toujours encombrés de navires de tous les pays du monde.

gare, un tramway presque vide qui tournait le coin du boulevard de Strasbourg et naturellement, on s'empressa d'en profiter.

— C'est égal, je serai content de voir la mer, dit François en se frottant les mains ; et puis tous ces navires et ces matelots qui ont été en Chine, en Amérique et partout. J'aimerais bien être marin,

Explication des mots. — LECTURES. 1. En mouvement, en marche. — LEÇONS DE CHOSES. 2. Lieu où un fleuve se jette dans la mer. — 3. Étendue de mer à l'abri des vents et des lames, qui offre un bon mouillage aux navires. — 4. Vastes bassins dans lesquels le niveau est constant et qui restent pleins même à marée basse.

être toujours à courir le monde, à voir de drôles de pays.

— Moi aussi, dit Ernest, j'aimerais bien çà.

— Toi, tu as déjà vu la mer? dit Georges à sa petite cousine.

— Oh! oui, répondit-elle gravement; mais il y a longtemps; c'est quand j'étais petite et je ne me le rappelle pas.

— Moi, je crois, reprit Georges, que la mer doit être comme un grand lac bleu, avec des vagues toutes blanches qui montent jusqu'au ciel.

— Moi aussi, dit Berthe, et puis, tout partout de grands bateaux avec des ailes, comme de grands oiseaux.

Et on riait, on bavardait; chacun faisait ses réflexions.

— Sais-tu seulement ce que c'est qu'un *port?* demanda M. Durand à son fils.

— Oui, papa. C'est un petit *golfe*[1] qu'on arrange pour abriter les vaisseaux, quand ils arrivent à la côte.

— C'est cela. Par le mauvais temps, le vent briserait les navires sur les rochers, s'il n'y avait pas de port.

— Je croyais, dit François, qu'on ne faisait pas les ports, qu'on choisissait seulement un endroit bien creux, et bien abrité.

— Il est vrai que la nature fait beaucoup, et on choisit en effet un endroit creux, un petit golfe, où le rivage s'avance dans la mer; mais il faut que l'homme vienne en aide à la nature. On prolonge ces

---

Explication des mots. — 1. Vaste échancrure d'une côte, qui permet à la mer de s'avancer dans les terres.

langues de terre ; on construit des chaussées fortes
et solides pour empêcher les vagues de ronger la
terre et de l'enlever peu à peu. Ces prolongements
s'appellent des *môles*, et les *jetées*, comme celle
que nous allons voir tout à l'heure, sont les murs

Leçons de choses.

Fig 116. — Les jetées sont des chaussées en pierre d'une construction extrêmement solide qui placées à l'entrée des *ports* s'avancent dans la
mer, souvent à une grande distance. Elles servent à faciliter l'entrée et la
sortie des bâtiments, à abriter le port et à empêcher le sable et les
galets d'en encombrer le bassin. Les jetées en maçonnerie ont généralement à leur pointe extrême dans la mer, un petit *phare* ou un *feu de port*
qui en marque l'entrée.

qui terminent le port. Ils sont en effet *jetés*
très loin dans la mer, afin d'empêcher le sable et
les galets [1] d'encombrer le bassin.

— Pas de chance, dit l'oncle Jules, qui venait
de causer avec le conducteur ; il aurait fallu être

Explication des mots. — **1.** Caillou arrondi à force d'être
roulé par la mer.

ici au moins à huit heures du matin, pour voir entrer les navires. La marée haute était de bonne heure aujourd'hui.

— Voyez-vous cette intrigante de marée, fit M. Durand. Nous allons être obligés de rester ici jusqu'à demain pour attendre son bon plaisir, et puis après nous rentrerons à Rouen par le bateau, car je vois bien que l'oncle Jules aura une histoire quelconque pour nous empêcher de revenir ce soir.

— Bravo la marée! bravo! s'écria Ernest! Et ce fut une explosion de joie générale.

— Qu'est-ce que c'est que la marée? demanda Georges.

— Tous les jours, lui dit son oncle, pendant six heures la mer grandit, avance et monte sur la plage jusqu'à un certain point; arrivée là, elle recule, et pendant six heures alors elle s'abaisse jusqu'à ce qu'elle revienne au point où elle se trouvait d'abord. Puis cela recommence indéfiniment. Quand la mer monte, on dit : c'est la *marée montante* ou le *flux*, et quand elle s'abaisse c'est la *marée descendante* ou le *reflux*. Le point le plus élevé s'appelle la *marée haute*, et le point le plus bas s'appelle la *marée basse*. As-tu bien compris, mon petit Georges?

— Oui, mon oncle; mais qu'est-ce qui fait faire cela à la mer; pourquoi est-ce qu'elle monte et descend comme cela tous les jours?

— C'est ce que je voulais demander aussi, dit François.

— C'est la lune qui la fait monter et descendre

comme cela. Maintenant le *pourquoi* serait un peu difficile à comprendre encore. Quand vous serez grands, on vous expliquera cela.

— Mais, mon oncle, pourquoi faut-il la marée haute pour laisser entrer les navires? demanda Georges.

— Parce qu'à la marée basse il n'y a pas assez d'eau, mon enfant, l'eau a reculé, elle est tout là-bas ; tu ne voudrais peut-être pas que les navires montent sur la terre sèche, petite tête sans cervelle.

— C'est égal, il faut que les marins fassent joliment attention d'arriver juste au bon moment, car la marée haute ne doit pas durer très longtemps, dit André.

Fig 117. — Il faut que les marins arrivent juste au bon moment, car la marée haute ne dure pas longtemps.

— Ici, au Havre, qui est un port exceptionnellement privilégié, la mer reste *étale* comme on dit, c'est-à-dire stationnaire, sans bouger, pendant trois heures à peu près. Une fois à marée haute la mer reste là quelque temps comme pour se reposer avant de commencer à reculer. Et maintenant, dis à ta mère et à ta tante que nous allons descendre dans une seconde; et l'oncle Jules fit signe au conducteur d'arrêter.

EXERCICES ORAUX OU ÉCRITS

1. Qu'y a-t-il de plus intéressant à voir au Havre?
2. Qu'est-ce qu'un port?

3. S'il n'y avait pas de port, qu'arriverait-il aux navires par le mauvais temps?

4. Qu'appelle-t-on môles, jetées?

5. A quoi servent-ils?

6. Qu'est-ce que la marée?

7. Qu'est-ce que la marée montante ou le flux?

8. La marée descendante ou le reflux?

9. La marée haute?

10. La marée basse?

11. Qu'est-ce qui occasionne les marées de la mer?

12. Pourquoi les navires ne peuvent-ils pas entrer dans le port à marée basse?

13. La mer reste étale au Havre; expliquez la signification de ce mot et dites quel avantage en résulte pour le port.

Questions sur les leçons de choses.

Fig. 114. — Dites ce que c'est qu'un tramway. — Sur quoi roule-t-il? — Ces rails ont-ils beaucoup de saillie? — Quel avantage les tramways ont-ils sur les voitures ordinaires? — **Fig. 116.** — Qu'est-ce qu'une jetée? — Comment les construit-on? — Où sont elles placées? — A quoi servent-elles? — Qu'ont-elles généralement à leur extrémité? — Pour quoi faire?

XLII (42)

La mer.

Après quelques minutes de marche, le général en chef appela autour de lui son petit régiment.

— Qui est-ce qui a apporté son mouchoir de poche? dit-il.

— Moi, moi, moi, s'écrièrent les enfants, à l'exception toutefois de François l'étourdi, qui, selon son habitude, avait oublié le sien.

— Eh bien, arrivez par ici, vous autres Parisiens, dit-il, et toi aussi, Berthe. J'ai vu mon médecin, hier, qui m'a dit que la première fois que l'on vient au Havre il faut se faire bander les yeux, crainte de les perdre, tant le soleil est ardent dans nos ports de mer!

Et, sans autre forme de procès, il se mit à nouer un mouchoir autour des yeux des enfants, comme s'ils devaient faire une partie de Colin-Maillard.

Les enfants n'en revenaient pas, et se demandaient si, par hasard, ils rêvaient. Mais l'oncle Jules avait son idée; et l'on se remit en marche gaiement, en conduisant les aveugles.

— Défense de regarder sous vos mouchoirs, jeunes troupiers! disait l'oncle de temps en temps, je vois François qui repousse le sien.

Et les enfants protestaient en riant.

Mais cette marche dans les ténèbres ne pouvait pas durer toujours, « Halte-là! rouvrez les yeux! » leur cria-t-on enfin et vite, chacun s'arracha son bandeau.

Pendant un grand moment, personne ne dit rien: c'était comme un éblouissement. Là, devant soi. aussi loin que l'on pouvait voir, ce n'était que de grandes vagues qui se déroulaient; elles avançaient et reculaient, chassant devant elles de petites bandes d'écume blanche. De nombreux oiseaux allaient et venaient, poussant des cris rauques[1] et plongeant dans les vagues. Tout au loin, à l'horizon, quelques navires brillaient au soleil comme des points d'argent; on se sentait perdu devant cette immensité!

— Comme c'est grand! dit François.

— Comment les navires ne se perdent-ils pas?

Explication des mots. — 1, Itudes, enroués.

demanda Georges. Comment peut-on savoir par où aller? il n'y a pas de route dans la mer, et c'est si grand !

— C'est vrai, mais les marins ont un petit instrument bien précieux, qui les aide à trouver leur chemin quand ils sont en mer: c'est la *boussole*.

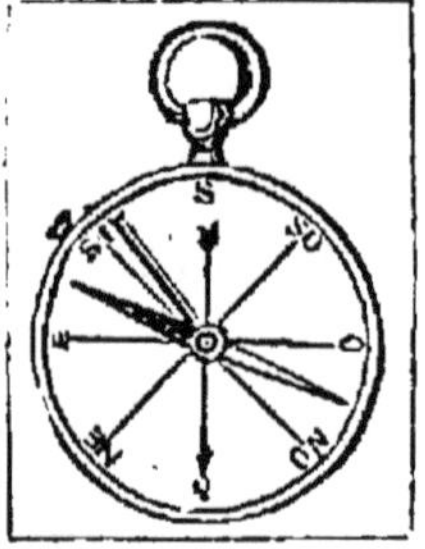

Leçons de choses.

Fig. 118. — Sur les navires la boussole est placée à l'arrière, près du gouvernail[1]: elle est renfermée dans une boîte généralement en cuivre qu'on appelle *habitacle*, divisée en trois compartiments; celui du milieu contient une lampe pour éclairer la nuit, les deux autres contiennent chacun une boussole ce qui permet de contrôler les observations.

— Ah! oui, je sais bien, la *boussole*, c'est cette espèce de montre, avec une *aiguille* qui marque toujours le nord.

— Parfaitement, elle marque toujours le nord, car on a beau tourner et retourner la boussole, pousser l'aiguille à droite ou à gauche, elle revient toujours au nord, et naturellement, quand on sait où est le nord, on sait aussi où est le sud et où sont les autres points cardinaux.

— Mais si un marin perdait sa boussole, dans un orage par exemple, qu'est-ce qu'il ferait? C'est ça qui ne serait pas drôle, dit Georges.

— Il aurait toujours l'*Etoile Polaire*, dit Ernest.

— Qu'est-ce que c'est que ça, l'Étoile Polaire?

Explication des mots. — LEÇONS DE CHOSES. **1.** Pièce de bois mobile, placée à l'arrière d'un navire et que l'on manœuvre soit au moyen d'une barre, soit au moyen d'une roue pour diriger la marche.

— Eh bien! c'est une étoile qui marque le pôle Nord.

— Tiens, c'est très commode d'avoir une *boussole* comme ça, dans le ciel, au moins on ne la perd pas celle-là.

— Non, mais quelquefois, quand il y a des nuages, on ne la voit pas, répliqua son cousin.

— Avec la boussole ou l'Étoile polaire, et des mesures prises sur les astres[1], continua l'oncle Jules, les marins arrivent à reconnaître la position qu'ils occupent sur la mer.

Leçons de choses.

Fig. 119. — Les bouées sont des corps flottants le plus souvent coniques[3], en bois, ou en tôle qui indiquent aux navires lés passages dangereux.

— Papa, une baleine[2]! s'écria Georges, en montrant dans le lointain un gros objet noir.

— Oh! une baleine, dit François d'un ton méprisant! Il n'y a pas de baleines ici, il faut aller tout à fait au Nord pour en trouver.

— Ne te moque pas ainsi du petit Georges, dit l'oncle Jules. De temps en temps, il arrive des baleines sur nos côtes de France, sur l'Océan et sur la Méditerranée. Il est vrai que cela est rare, et que personne ne songe à pêcher la baleine dans la Manche.

— Tu vois bien, dit Georges, tu fais toujours

le malin et tu n'en sais pas plus long que moi. Mais je vois bien que ce n'est pas une baleine, cela ne bouge pas de place ; et puis, il y en a plusieurs.

— Ce sont des *bouées*, mon enfant, c'est-à-dire des espèces d'énormes tonneaux en tôle, qui marquent les endroits où les marins ne doivent pas passer, parce qu'il n'y a pas assez d'eau. Sans ces bouées et sans la direction de *pilotes*, marins très habiles et qui connaissent toutes les *passes*[1], les navires courraient risque de *s'échouer*[2] en arrivant au port.

Leçons de choses.

Fig. 120. — BATEAU-PILOTE. Les pilotes sont des marins expérimentés qui sont chargés de diriger la marche des navires pour entrer dans un port ou pour traverser un passage dangereux. Ils sont brevetés et ne sont nommés qu'après un examen sérieux. Ils ont le commandement à bord des navires qu'ils pilotent, mais ils sont responsables de leur perte. Les pilotes vont au-devant des navires dans leur bateau qui porte le nom de *bateau-pilote*.

— Pourquoi, dit encore Georges, est-ce qu'on voit des navires tout blancs et d'autres sur lesquels il y a une grosse fumée. Est-ce que c'est aussi la vapeur qui les fait marcher ?

— Tu ne te rappelles donc pas les *mouches* sur la Seine ? dit André. Ce sont des bateaux à vapeur, et ceux qui sont tout blancs sont des bateaux à voiles : c'est le vent qui les pousse.

— Et pourquoi est-ce qu'on dépense du char-

---

bon quand on a le vent qui ne coûte rien? fit Georges, avec un petit air tout à fait sérieux.

— Quand le vent souffle, dit l'oncle, cela va bien; encore à condition qu'il vous pousse du côté où l'on veut aller, sans quoi, on perd énormément de temps à *louvoyer*, en faisant des zigzags, qu'on appelle des *bordées*. Mais, quand il n'y a pas de vent, on reste en place. Au contraire, avec la vapeur on va toujours,

Leçons de choses.

Fig. 121. — Bateaux-mouches. — Les bateaux-mouches qui transportent les voyageurs sur la Seine, dans la traversée de Paris et la banlieue, sont des bateaux à *hélice*[1] mus par la vapeur. Ils contiennent de 300 à 400 personnes tant dans leurs cabines[2] que sur le pont. Par leur rapidité et le bas prix des places, ils rendent de grands services à la population parisienne.

on lutte même contre le vent, et quand la tem-

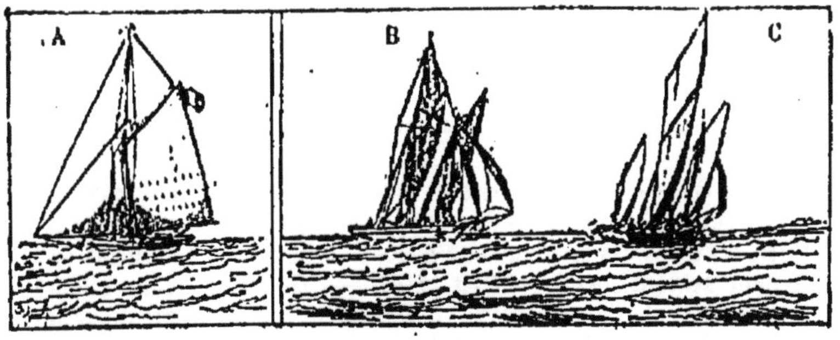

Leçons de choses.

Fig. 122. — Types de bateaux a voiles. — (**A**) Sloop. — Bateau à un seul mât employé par le cabotage[3]. — (**B**) Goélette. — Petit bâtiment très léger, tenant bien le vent, à deux mâts très inclinés sur l'arrière. — (**C**) Bisquine. — Petit navire de pêche de la Manche.

pête menace de jeter le navire sur la côte, et de l'y

Explication des mots. — Leçons de choses 1. Espèce de roue à trois ailes placée à l'arrière du bateau, la machine la fait tourner sur elle-même au moyen d'un arbre ce qui fait avancer le bateau. — 2. Salles munies de banquettes, placées sous le pont du bateau. — 3. Petite navigation le long des côtes, d'un port à l'autre.

briser, il peut tenir tête, par la force de ses machines. C'est pour cette raison qu'on se sert de plus en plus de la vapeur, et que le nombre des navires à voiles va en diminuant.

— C'est difficile et dangereux tout de même d'être marin, fit André.

EXERCICES ORAUX OU ÉCRITS

1. Quel est l'instrument qui permet aux marins de trouver leur route sur la mer?

2. Qu'est-ce que la boussole?

3. Quel point cardinal indique-t-elle toujours?

4. Si un marin perdait sa boussole, que ferait-il?

5. Qu'est-ce que l'étoile polaire?

6. Comment les marins reconnaissent-ils la position qu'ils occupent sur la mer?

7. Y a-t-il des baleines sur les côtes de France?

8. Qu'est-ce qu'une bouée?

9. A quoi servent les pilotes?

10. Combien y a-t-il de moyens à employer pour faire marcher les navires?

11. Pourquoi emploie-t-on la vapeur, puisqu'elle coûte de l'argent et que le vent ne coûte rien?

Questions sur les leçons de choses.

Fig. 118. — Où la boussole est-elle placée sur les navires? — Qu'est-ce que l'habitacle? — Que contiennent ses trois compartiments? — **Fig. 119.** — Qu'est-ce qu'une bouée? — En quoi les construit-on? — A quoi servent-elles? — **Fig. 120.** — Qu'est-ce qu'un pilote? — Comment sont-ils nommés? — Ont-ils le commandement sur les navires qu'ils pilotent? — Sont-ils responsables de leur perte? — Comment se rendent-ils à bord des navires et quel nom porte leur bateau? — **Fig. 121.** — Qu'est-ce qu'un bateau-mouche? — Combien contiennent-ils de voyageurs? — Comment marchent-ils? — Qu'est-ce qu'une hélice? — **Fig. 122.** — Qu'est-ce qu'un sloop? — Qu'une goélette? — Qu'une bisquine?

XLIII (43)

Le port.

— Si nous allions les voir un peu, ces marins, maintenant que nous avons vu la mer, dit l'oncle Jules. Moi, je propose d'aller faire un tour le long des bassins.

Et on alla se promener au milieu de cette forêt de mâts et de voiles.

— Y en a-t-il des navires ! Y en a-t-il, disaient les enfants émerveillés.

François surtout, était enthousiasmé. Ce va-et-vient des matelots qui déchargeaient, les cris, les chants, tout cet attirail de cor-

Fig. 123. — On alla se promener le long des bassins au milieu de cette forêt de mâts et de voiles.

dages et de voiles, le bruit incessant de ballots et de chaînes, le mouvement continuel, tout cela le charmait et il regardait avec envie ces heureux navires, qui bientôt allaient ouvrir leurs grandes ailes blanches pour s'envoler vers des pays lointains.

— Eh bien ! François, qu'est-ce que tu dis du Havre ? lui demanda M. Durand.

— Je dis que c'est un beau port de mer, mon oncle, et que je voudrais être marin, pour m'en aller sur un de ces navires-là.

Un matelot couché au soleil, qui fumait sa pipe

et s'amusait avec un singe, haussa les épaules. « Ils appellent çà un port! » fit-il, avec un gros rire, sans se déranger autrement.

François se retourna vivement pour le regarder, et le matelot releva lentement la tête.

— Tu me prends peut-être pour une girafe[1],

Fig. 124. — Un matelot couché au soleil fumait sa pipe et s'amusait avec un singe.

fit-il si drôlement que François ne put s'empêcher de rire à son tour. Dame! continuat-il, avec un hochement de tête du côté des navires, tu prenais bien çà pour un port tout à l'heure.

— Eh bien! oui, dit François.

— On voit que tu n'as jamais été à Marseille[2], mon bon, voilà ce qui s'appelle un port de mer, à la bonne heure; mais çà, peuh! et il lâcha une grosse bouffée de fumée. J'ai été partout moi, au pôle nord et au pôle sud, eh bien! Marseille, c'est la Reine du monde. A Marseille, on entend parler toutes les langues, et dans les rues on rencontre tous les peuples de la terre venus pour voir Marseille, des Chinois avec leur queue dans le dos, des Turcs avec des turbans[3], des Peaux-Rouges[4] tout nus...

Explication des mots. — **1.** Grand mammifère de l'Afrique dont le cou est démesurément long et le pelage tacheté. — **2.** Cheflieu du département des Bouches-du-Rhône sur la Méditerranée. C'est notre premier port de commerce. — **3.** Coiffure orientale composée d'une pièce d'étoffe enroulée autour de la tête. — **4.** Nom donné aux descendants des premiers habitants de l'Amérique.

— Et des farceurs dans toutes les maisons, ajouta un camarade, qui vint s'étendre à côté du Marseillais.

— Allons, François, arrive donc, cria M. Durand. Et François partit au pas de course pour les rejoindre.

Leçons de choses.

Fig. 125. — Vue de Marseille. — La Canebière. — Par sa population de 363000 habitants, **Marseille** est la troisième ville de France et notre premier port de commerce, par son port qui peut contenir plus de 2400 navires. Elle est en relation avec tous les pays du monde, surtout avec l'Orient; son mouvement commercial est considérable. La *Canebière*, la voie la plus fréquentée, domine le port. Marseille est le chef-lieu du département des Bouches-du-Rhône.

— Qu'est-ce qu'il te racontait? lui demanda son oncle.

— Il racontait que Marseille est la Reine du monde, et que le Havre n'est rien ; qu'à Marseille on entend toutes les langues, qu'on y voit des Chinois, des Peaux-Rouges, — un tas de bêtises.

— Des Peaux-Rouges, c'est excessif, dit son oncle en riant; mais il est certain que Marseille est un port plus important que le Havre. En effet, on y entend toutes les langues, l'on y voit tous les peuples de la terre, et cela se comprend : Marseille est sur la grande route des Indes, de la Chine, du Japon, de l'Algérie[1], et par le détroit de Gibraltar[2], elle est en communication avec les deux Amériques. Reine du monde est exagéré, mais très certainement Marseille peut s'appeler Reine du midi. C'est le premier de nos ports de commerce français, et un des huit grands ports du monde.

Fig. 126.— Le matelot disait que dans les rues de Marseille, on rencontrait des Chinois, des Turcs, des Peaux-Rouges.

— Quels sont les sept autres, mon oncle?

— *Londres*[3] d'abord, qui est le plus grand du monde entier, puis *Liverpool*[4], *New-York*[5], *Newcastle*[6], *Hambourg*[7], puis en sixième rang notre *Marseille;* après cela *Anvers*, en Belgique, enfin *Glasgow*, en Écosse. Voilà les huit grands ports du monde.

— C'est égal, le Havre est toujours notre second port de commerce, s'il n'est pas le premier, dit Ernest; moi je n'aime pas qu'on dise du mal de mon Havre, c'est un beau port tout de même.

<hr>

Explication des mots. — **1.** Colonie française, en Afrique, en face de la France. — **2.** Détroit qui sépare l'Espagne du Maroc et qui fait communiquer l'Océan Atlantique avec la Méditerranée. — **3.** Capitale de l'Angleterre. — **4.** Port d'Angleterre dans le comté de Lancastre. — **5.** Capitale de l'état du même nom aux Etats-Unis. — **6.** Port anglais dans le comté de Northumberland. — **7.** Ville libre de l'Allemagne du Nord près de l'embouchure de l'Elbe.

— Pourquoi dis-tu *port de commerce;* il y en a donc d'autres? demanda François.

— Oui, mon enfant, il y a encore les *ports militaires,* qui abritent nos navires de guerre,

Leçons de choses.

Fig. 127. — Navire de guerre. — Il y a de nombreux types dans les **navires de guerre**; celui-ci est un *cuirassé à hélice,* il a des voiles qui lui permettent de faire des économies de charbon quand le vent est bon. La figure montre toute la coque du navire, la pointe que vous voyez à l'avant est l'*éperon* qui constitue une arme redoutable.

répondit son oncle. Nous avons cinq ports militaires, *Brest,* qui est le plus beau de tous, puis... mais Ernest les connaît peut-être?

— Oui papa, il y a *Brest*[1], *Cherbourg*[2], *Lorient*[3], *Rochefort*[4] et *Toulon*[5].

EXERCICES ORAUX OU ÉCRITS

1. Le port de Marseille est-il plus important que celui du Havre?
2. Dans quel département se trouve Marseille?
3. Dans quelle partie du monde se trouvent les Indes, la Chine, le Japon?

Explication des mots. — **1.** Chef-lieu d'arrondissement du Finistère, sur l'Océan. — **2.** Chef-lieu d'arrondissement de la Manche, sur la Manche. — **3.** Chef-lieu d'arrondissement du Morbihan, sur l'Océan. — **4.** Chef-lieu d'arrondissement de la Charente-Inférieure, sur l'Océan. — **5.** Chef-lieu d'arrondissement du Var, sur la Méditerranée.

4. A qui appartient l'Algérie?

5. Où se trouve le détroit de Gibraltar?

6. Citez les noms des huit plus importants ports du monde.

7. Dans quels pays se trouvent Londres, Liverpool, Newcastle, Hambourg?

8. N'y a-t-il que des ports de commerce?

9. A quoi servent les ports militaires?

10. Combien y en a-t-il en France?

11. Citez-en les noms et dites dans quels départements ils se trouvent.

Questions sur les leçons de choses.

Fig. 126. — Combien y-a-t-il d'habitants à Marseille? — Dans quel ordre d'importance vient-elle parmi les villes de France? — Son port est-il important? — Combien peut-il contenir de navires? — Avec quels pays Marseille est-elle en relation? — Quelle est la voie la plus fréquentée? — Quel est le chef-lieu du département des Bouches-du-Rhône?

Fig. 127. — Tous les navires de guerre sont-ils pareils? — Quel nom porte celui que représente la figure? — Pourquoi a-t-il des voiles? — Que remarquez-vous à l'avant?

XLIV (44)

Les cyclones. — Les trombes.

Au moment, où nous parlions des ports militaires un homme d'une quarantaine d'années, grand, robuste, la figure hâlée[1], s'approcha du petit groupe, et tendit la main à l'oncle Jules.

—Tiens! le capitaine Prève, fit celui-ci tout surpris; je ne m'attendais certes pas au plaisir de vous rencontrer ici. Je vous croyais encore dans l'autre monde, celui de Christophe-Colomb[2] s'entend.

— J'en arrive justement. Nous sommes en rade

Explication des mots. — **1.** Rendu brun et rougeâtre par le soleil et le vent de la mer. — **2.** Illustre navigateur génois (1436-1506). Il découvrit l'Amérique en 1492.

depuis deux jours seulement. J'arrive de Rio-Janeiro[1].

— Vous avez fait bon voyage?

— Très heureux, puisque j'ai ramené mon navire intact; mais nous l'avons échappée belle. Nous avons failli être pris dans un *cyclone* sur la côte d'Afrique.

— Qu'est-ce que c'est qu'un *cyclone*? demanda André à son père.

— Je vous souhaite de n'en jamais voir, dit le capitaine, c'est la chose la plus effrayante que je connaisse. Un *cyclone* est un tourbillon de vent, mais un tourbillon d'une violence dont vous n'avez pas l'idée; c'est une tempête tournante qui enlève et brise tout sur son passage.

Leçons de choses.

Fig. 128. — Capitaine au long cours. — On donne ce nom à l'officier qui commande à bord des navires marchands qui vont au loin.

— Et comment avez-vous échappé? demanda François qui ne quittait pas le capitaine des yeux.

— Voici l'histoire: nous étions à dix heures de *Dakar*, au Sénégal, où les navires venant de Rio-Janeiro font relâche[2]. Il faisait un temps superbe, quand tout à coup le baromètre[3] baisse avec une rapidité effrayante, le ciel se couvre de nuages, le vent commence à souffler par rafales[4], et la mer se charge d'é-

---

Explication des mots. — 1. Capitale du Brésil, empire de l'Amérique du Sud. — 2. Séjour momentané dans un port. — 3. Instrument de physique qui indique la pression atmosphérique. — 4. Coups de vent violents.

cume; on sentait l'ouragan qui approchait. «Mauvaise
« affaire, capitaine, je ne donnerais pas une car-
« casse de baleine pour le bâtiment », me dit un
vieux brave qui avait vu plus d'une tempête. J'avais
cent cinquante passagers à bord; il ne fallait pas
perdre la tête. J'ai tenu compte d'où venait la
tempête, j'ai forcé la vapeur, et nous avons filé vent
arrière avec une vitesse de douze nœuds[1] à l'heure,
si bien que nous l'avons évitée. Le lendemain matin
le temps était calme; mais à quelques milles de moi
un steamer[2] anglais avait coulé bas.

Fig. 129. — Nous avons filé vent arrière avec une vitesse de douze nœuds
à l'heure.

— C'est beau cela, capitaine; par votre énergie et votre sang-froid vous avez sauvé la vie à cent cinquante personnes, sans parler de votre équipage. Je vous en félicite : vous êtes un brave.

Et l'oncle Jules lui serrait les mains.

— N'importe qui en aurait fait autant, mon cher ami; le sang-froid, c'est la première qualité du marin.

— Avez-vous jamais vu une *trombe* sur mer ? demanda Ernest.

— Une seule fois dans ma vie, mais je ne l'oublierai jamais.

— Et comment donc est-ce une *trombe*? demanda François.

—C'est encore un tourbillon, dit le capitaine, mais

Explication des mots. — 1. 22 kilomètres. — 2. Navire à vapeur.

beaucoup moins étendu que le cyclone. Celle que j'ai vue était dans la mer des Indes. J'étais à mon premier voyage avec mon oncle, qui commandait un brick[1] de guerre; et je me rappelle qu'un jour il m'appela sur le pont pour me montrer l'eau qui se mettait à tourbillonner et à tournoyer juste au-dessous d'un nuage très noir. Ce nuage avait une espèce de queue qui descendait de plus en plus. « Rien de bon », me dit mon oncle, et il appela son lieutenant. Moi je regardais toujours, quand tout d'un coup, j'entends un sifflement épouvantable; l'eau de la mer et la queue du nuage s'étaient rejointes et cela formait une immense colonne qui venait droit sur nous comme une furie. Mais mon oncle avait prévu la chose, je vis les hommes aux canons. Quand la trombe ne fut plus qu'à une centaine de mètres peut-être du navire, mon oncle donna l'ordre de faire feu, tous les canons braqués sur la colonne partirent à la fois. Ce salut militaire a parfaitement coupé la colonne en deux, et nous en avons été quittes pour une douche.

Fig. 130. — LA TROMBE. — L'eau de la mer et la queue du nuage s'étaient rejointes et cela formait une immense colonne qui venait sur nous comme une furie.

— Que j'aimerais donc voir tout cela, dit François! Quand je serai grand je me ferai marin pour sûr.

— J'aime mieux voir un cyclone ou une trombe en idée, au coin de mon feu, qu'en réalité et sur

Explication des mots. — 1. Bâtiment à deux mâts dont le plus grand est incliné vers l'arrière.

la mer, je vous promets, dit le capitaine en riant.

— Eh bien! moi pas, dit François, c'est si brave de se battre avec la tempête. — Et il s'en allait brandissant un bâton comme s'il était déjà aux prises avec quelque cyclone invisible.

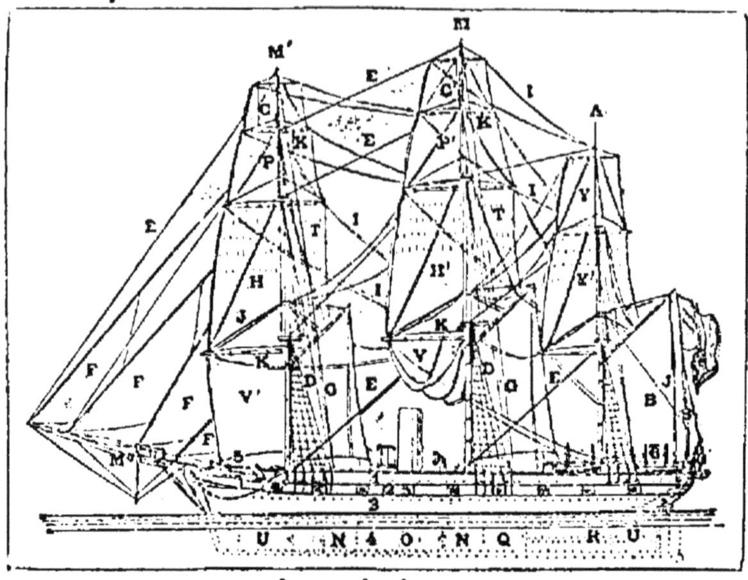

Fig. 131. MODÈLE D'UN BATIMENT MIXTE A VOILES ET A VAPEUR (Corvette). Principaux détails de la *mâture*, de la *voilure*, du *gréement*[1] et de la *coque* (M') mât de misaine. — (M) grand mât. — (A) mât d'artimon. — (M") beaupré et son bout dehors. — (C) petit cacatois. — (C') grand cacatois, — (P) petit perroquet. — (P') grand perroquet. — (Y) perruche. — (Y') perroquet de fougue. — (H) petit hunier. — (H') grand hunier. — (F) focs. — (B) brigantine. — (V) grand'voile. — (V') misaine. — (E) étais. — (D) haubans. — (G) galhaubans. — (I) bras. — (J) balancines. — (K) vergues. — (N) soutes à charbon. — (O) chaudières, — (Q) machine. — (R) hélice. — (U) soute à vin, eau, etc. — (S) drisse de pavillon. — (T) ris. — (1) pont. — (2) batterie — (3) entrepont. — (4) cale. — (5) gaillard d'avant. — (6) gaillard d'arrière, dunette.

— Avec tout cela, qu'est-ce que vous apportez dans notre belle France, capitaine? demanda l'oncle Jules au bout d'un moment.

— Du café, du coton et du chiendent pour faire des balais. Drôle de cargaison, n'est-ce pas?

Explication des mots. — LEÇONS DE CHOSES. **1.** Ensemble des cordages qui servent à gréer un navire.

mais j'y pense, cela intéresserait ces enfants-là de voir décharger et de visiter le navire.

— J'en suis sûr, dit l'oncle Jules en tirant sa montre. Mais j'ai promis que nous serions chez notre ami Claude à midi, et je ne voudrais pas être en retard.

— Si le navire n'est pas loin, ne pourrions-nous pas y aller avant? dit François d'un air suppliant.

— Il est ici près, à deux minutes, répondit le capitaine.

Et on se dépêcha de faire une courte visite au vaisseau, à la grande satisfaction des enfants. François, qui avait bien résolu dans sa petite tête de dix ans qu'il se ferait marin un jour, passa une inspection consciencieuse du bâtiment, regardant tout, descendant dans la *cale* [1], examinant l'*entrepont* [2], s'informant de la manière dont étaient emmagasinés les provisions, le charbon, les marchandises, questionnant les matelots : Pourquoi ceci et pourquoi cela, où était fixée l'*ancre* [3], comment on manœuvrait le gouvernail, comment on déployait et *carguait* [4] les voiles, comment on *hissait* le pavillon tricolore?

Aussi, pendant le reste de la journée, il étourdit ses cousins avec ses connaissances sur la *voilure* et les *gréements*; parlant de *cabestans*, de *vergues* [5], de *beaupré* [6], de *huniers* [7], de gaillard d'avant et de gaillard d'arrière comme un vieux *loup de mer*.

Explication des mots. — **1**. Partie la plus basse de l'intérieur d'un navire. — **2**. Étage entre deux ponts. — **3**. Instrument de fer à deux bras terminés par une pointe large que l'on laisse tomber au fond de la mer pour arrêter les navires. — **4**. Serrer les voiles, les replier. — **5**. Pièces de bois auxquelles sont attachées les voiles. — **6**. Mât placé à l'avant et couché presque horizontalement. — **7**. Voile du mât de hune.

EXERCICES ORAUX OU ÉCRITS

1. Dites dans quel pays se trouve Rio-Janeiro.
2. Qu'est-ce qu'un cyclone?
3. Où se trouve Dakar?
4. Refaites à votre manière le récit du capitaine.
5. Y avait-il lieu de féliciter le capitaine?
6. Qu'est-ce qu'une trombe?
7. Racontez comment le brick de guerre échappa à la trombe.
8. Faites la description du navire et de ce qu'il contenait.

Questions sur les leçons de choses.

Fig. 128. — Qu'est-ce qu'un capitaine au long cours?

Fig. 131. — En regardant la figure, montrez les différentes parties de la mâture, de la voilure, du gréement, de la coque.

XLV (45)

Les phares.

Après déjeuner l'oncle Jules mena son jeune bataillon voir les *phares* de Sainte-Adresse qui éclairent le port du Havre.

— Sais-tu ce que c'est qu'un *phare*, demanda-t-il à Berthe en chemin.

— Oui papa, c'est une grande lanterne pour éclairer la mer, afin que les navires ne se perdent pas quand il fait noir.

— Tout juste, ma petite fille.

— Maman m'a dit que cette drôle de tour que nous avons vue ce matin tout au bout de la jetée était un phare, ajouta-t-elle.

— Voyez-vous, ces mamans, elles savent tout ma foi! et racontent tant de choses à leurs petites filles, que les pauvres papas n'ont plus rien à leur apprendre. — Et l'oncle Jules caressa en souriant, les boucles blondes de sa petite Berthe.

Arrivé au phare, l'oncle causa un instant avec le

gardien, et tout le monde monta dans la tour par
un long escalier en spirale[1], jusqu'en haut, où on
leur montra la lanterne colossale, avec ses lampes,
ses verres grossissants pour augmenter l'éclat de
la lumière, et ses puissants
réflecteurs pour la renvoyer
au loin.

Le gardien leur dit que
par un temps clair, cette lumière pouvait être aperçue
à 40 kilomètres en mer,
mais il y a des phares,
ajouta-t-il, qu'on voit de
beaucoup plus loin : de 50,
60 et même de 70 kilomètres.

— Est-ce qu'il y a beau-
coup de phares en France?
demanda Ernest.

— Environ 230, répondit
le gardien.

— Mais les marins doi-
vent quelquefois se tromper,
dit André ; quand la nuit
ils sont sur mer et qu'ils
voient un phare ils se diri-

Leçons de choses.

Fig. 132. — Phare. — Les phares sont des tours élevées au som-
met desquelles sont placés des
foyers lumineux, ils sont destinés
à guider les navires venant du
large. La France possède une
véritable ceinture de phares.
Il y a quatre sortes de phares
de grandeurs et de portées différentes. Ceux de *première grandeur* servent à reconnaître les
côtes; ceux de *deuxième* et de
troisième grandeur, indiquent
les écueils, les baies; ceux de
quatrième grandeur sont placés
à l'embouchure des fleuves, à
l'entrée des ports et des passes.

gent, naturellement de son côté ; mais cela peut
être le phare de Cordouan[2], ou celui du Havre, ils
n'en savent rien.

— C'est vrai, dit Ernest, cela doit être ennuyeux
de se croire devant un port français et puis le

Explication des mots. — **1.** Tournant. — **2.** A l'embouchure de la Gironde.

lendemain matin se trouver sur la côte d'Angleterre, par exemple.

— Et puis avec cela il y a des phares qu'on met
exprès, pour dire aux marins de ne pas passer par
là, parce que c'est dangereux, ajouta François.

— Autrefois ce n'était pas commode, et les
marins se trompaient assez souvent, dit le gardien,
qui les écoutait raisonner; mais aujourd'hui ils
ne peuvent plus faire d'erreur. Tous les marins reconnaissent les phares comme moi je reconnais A. B. sur l'alphabet, parce qu'il n'y en a pas deux pareils. Il y en a avec des feux rouges, d'autres avec des feux verts, il y en a à feux *fixes* comme celui-ci, il y en a à *feux tournants*, où la lanterne tourne sur elle-même toutes les minutes par exemple,

Leçons de choses.

Fig. 133. — FRESNEL (Augustin-Jean)
savant physicien né à Broglie (Eure) en
1788, mort en 1827. Il s'occupa surtout
d'optique[1] et inventa avec **François
Arago** les *phares lenticulaires*[2] dont le
premier essai fut fait en 1827.
Fresnel était membre de l'Académie des
sciences.

montrant tantôt la lumière, tantôt le noir, tantôt
une couleur, tantôt une autre. Il y en a de toutes
les manières. Aussitôt qu'un marin voit un phare,
il peut dire : voilà le phare de tel endroit, il sait
parfaitement où il est.

Explication des mots. — LEÇONS DE CHOSES. **1.** Science
de la lumière et de la vision. — **2.** Dans lesquels on emploie des
lentilles de verre pour augmenter l'intensité de la lumière.

— Pas bête ça, dit François.

— C'est un Français qui a imaginé tout cela, ajouta l'homme avec une certaine fierté.

— Eh bien! c'est une fameuse idée qu'il a eue, dit François d'un air compétent.

On causa encore quelque temps, admirant les belles falaises de la Nor-

Leçons de choses.
Fig. 134. — Les falaises sont des escarpements des côtes de la mer. Les flots venant battre continuellement leur pied, les rongent, les creusent d'autant plus facilement que la roche qui les compose est tendre et friable; elles s'éboulent sous l'assaut répété des vagues et leurs débris délayés et roulés, usés par les frottements constituent le sable et les galets.

mandie avec leurs grands rochers blancs semblables à de hautes murailles, du haut desquelles on voit, en se penchant sur la crête, la mer qui se brise à leurs pieds, les ronge et les démolit lentement. Puis on reprit le chemin de la ville.

EXERCICES ORAUX OU ÉCRITS

1. Qu'est-ce qu'un phare?

2. Que met-on aux lampes des phares pour augmenter l'éclat de la lumière et pour la renvoyer au loin?

3. A combien de kilomètres porte la lumière de certains phares?

4. Les feux des phares sont-ils de plusieurs couleurs?

5. Sont-ils tous fixes?

6. Les marins peuvent-ils prendre un phare pour un autre?

7. De quel pays était le savant qui a imaginé les différentes combinaisons de phares?

Questions sur les leçons de choses.

Fig. 132. — Qu'est-ce qu'un phare? — A quoi servent les

11.

phares de première grandeur? — De deuxième grandeur? — De troisième grandeur? — De quatrième grandeur?

Fig. 133. — Quel est l'inventeur des phares lenticulaires? — Racontez la biographie de Fresnel.

Fig. 134. — Qu'est-ce qu'une falaise? — Quelle action les vagues ont elles sur les falaises?

XLVI (46)

La plage.

Cette fois, on revint par le bord de la mer. On descendit la falaise par un chemin escarpé[1], non sans glissades, chutes et rires.

La plage était sablonneuse, et les enfants obtinrent la permission de retirer souliers et bas.

Fig. 135. — Que de cris, que de rires, quand l'eau leur battait les jambes.

Quel plaisir de courir ainsi sur le bon sable fin, chaud et humide! Ils se rangeaient en file, devant le flot qui se brisait doucement et ils attendaient que l'écume recouvrit leurs petits pieds. Puis la vague se retirait et ils la suivaient pour s'enfuir aussitôt devant la vague suivante. Pas toujours assez vite, et alors tout à coup l'eau leur battait les jambes; alors, que de cris et de rires!

— J'ai bien soif, avait dit en arrivant le petit Georges. Est-ce que je puis boire dans le creux de ma main et il montrait une jolie flaque d'eau.

Explication des mots. — **1.** Abrupt, ayant une pente très roide.

— Garde t'en bien, dit l'oncle, c'est de l'eau salée. Tu as donc oublié ce que tu racontais en route, sur le sel et les marais salants ?

—C'est qu'elle est si jolie, dit Georges ; je croyais

Leçons de choses.

Fig. 136. — Produits de la mer. — La mer contient un nombre incalculable d'animaux ; les uns imperceptibles, les autres énormes
Ceux que montre la gravure sont très communs sur nos côtes : **(A)** Huître, mollusque comestible très estimé ; **(B)** Bucarde, autre mollusque ; **(C)** Marsouin, mammifère cétacé que l'on voit souvent en troupe, jouant à la surface de l'eau ; **(D)** Ormier, coquille dont la nacre est estimée ; **(E)** Homard, crustacé du genre écrevisse, c'est un mets excellent ; **(F)** Méduse, animal invertébré dont la substance ressemble à une gelée ; il en existe d'incolore, de rose, de violette, de bleue ; **(G)** Varech, nom vulgaire de toutes les *algues* de la mer ; **(H)** Seiche, mollusque qui fournit la *sépia* ; **(I)** Eponge ; **(J)** Oursin, connu aussi sous le nom de *Hérisson de mer*, quelques espèces sont comestibles.

que de l'eau si salée serait toute trouble et sale.

Heureusement une petite source qui sortait de la falaise se montra à point, et les enfants se désaltérèrent.

Quand ils eurent joué quelque temps avec le

flot, ils s'amusèrent à ramasser ce que la mer avait rejeté. C'étaient des débris de coquilles, des os de poissons, des paquets d'éponges [1], de nombreuses algues [2] dont quelques unes fines et délicates, ornées de riches couleurs.

Georges ramassait tout, voulant faire collection des produits de la mer, comme il disait.

— Tiens, cria tout à coup François, en voilà un produit de la mer! Je savais bien qu'on y trouvait des sardines, mais pas dans des boites en fer blanc! Et il apporta triomphalement à Georges une vieille boîte à sardines toute défoncée.

— Elle vient peut-être de loin, dit en riant l'oncle Jules. Il y a dans la mer des courants qui apportent les objets à des distances souvent énormes. C'est ainsi qu'on trouve quelquefois sur nos côtes des débris qui viennent de l'Amérique.

On était alors arrivé près d'une rangée de ces *galets* arrondis et polis, si communs sur nos plages de Normandie.

— Regardez ces galets, continua l'oncle, ils ne viennent pas d'Amérique, mais ils ont été apportés par la mer de plusieurs lieues de distance. Ce sont les débris les plus résistants des falaises, qu'elle ronge et démolit sans cesse. Le calcaire [3] de la falaise s'est réduit en boue, en sable, et ces morceaux de pierre à fusil, de silex, ont résisté.

Explication des mots. — **1.** Animal marin qui n'est autre que l'éponge connue de tout le monde. — **2.** Espèces d'herbes qui poussent dans la mer. — **3.** La roche qui compose la falaise contient de la chaux.

— Maman, maman, cria Georges, il m'a pincé!
— C'était un *crabe* attardé dans une petite flaque d'eau, que l'enfant avait voulu saisir, et qui s'était défendu à sa manière.

Chacun accourut, et le pauvre crabe, perché sur ses huit petites pattes, les deux grandes pinces en l'air, courait de côté, à droite, puis à gauche, ne sachant plus à quel ennemi entendre.

M. Durand le prit avec soin.

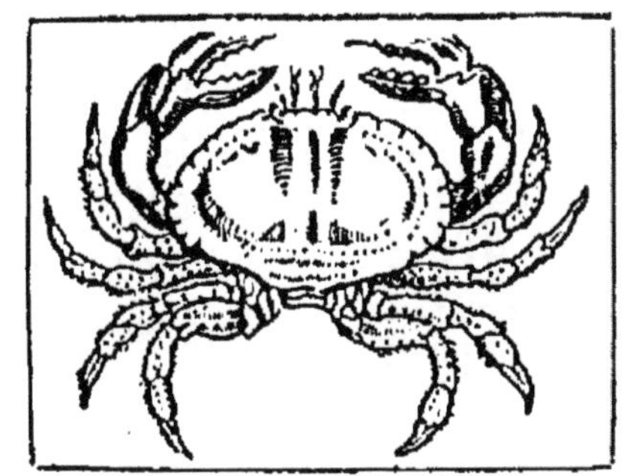

Leçons de choses.
Fig. 137.—Crabe.—Les crabes sont des crustacés très communs dans la mer. Les plus répandus sur les côtes de France sont l'*étrille* et le *tourteau*.

— Voyez, dit-il, c'est une véritable écrevisse.

— Mais non, interrompit François, il n'a pas de queue.

— Monsieur l'impertinent, si tu m'avais laissé finir, j'allais vous montrer sa queue; mais elle est petite et repliée sous le ventre, tandis que l'écrevisse la porte toute droite.

— Papa, dit Ernest, pourquoi a-t-il une patte bien plus petite que les autres?

— C'en est une qu'il a perdue, répondit le père, à la suite de quelque accident; elle est en train de repousser.

— Quel dommage qu'il n'en arrive pas autant à M. Abel le manchot, dit François; c'est cela qui lui ferait plaisir; il devrait demander des leçons au crabe.

Et malgré les remontrances paternelles, toute

la bande se mit à rire, sauf cependant André qui trouva que c'était mal de plaisanter ainsi un infirme.

Leçons de choses.

Fig. 138. — Écrevisse. Les écrevisses sont aussi des crustacés, mais qui vivent dans l'eau douce et courante, cachées sous les pierres et dans les trous des berges. Elles se nourrissent de petits poissons, de larves[3] et de petits mollusques[4].

Un peu plus loin, gisait un vilain animal mort. Il était tout mou, et ses huit longs bras étaient étalés sur le sable. André y ayant touché, un de ces bras se colla à sa main, et il le secoua avec horreur.

— C'est un *poulpe*, dit son père, une *pieuvre*, comme l'appellent les matelots normands. Regarde ces ventouses[1] disposées en double rangée sur chaque bras. C'est avec elles que le poulpe happe les animaux qui passent à sa portée.

Et M. Durand prenant l'animal à pleines mains, malgré les répugnances de son petit auditoire, montra les mâchoires cornées[2] à l'aide desquelles il déchiquète sa proie.

— Oh! papa, jette cette vilaine bête. Vois ce noir qui sort et te salit les doigts.

— Ce noir sert à préparer ce qu'on appelle la *sépia*. L'animal, quand il est poursuivi par quelques gros poissons, lance ce noir en fuyant et disparaît dans le nuage ainsi formé.

Explication des mots. — LECTURES. **1.** Organes qui permettent à l'animal de sucer en faisant le vide. — **2.** De la nature de la corne. — LEÇONS DE CHOSES. **3.** Premier état des insectes à leur sortie de l'œuf. — **4.** Animaux qui n'ont pas d'os et dont le corps est mou.

Que de choses on rencontra, et qui servirent d'occasion à des leçons d'histoire naturelle : des moules vivantes, un os de seiche, des coquilles, des fragments de polypiers [1], etc. C'est tout un musée qu'une plage maritime ! Il fallut quitter le bord de la mer et reprendre la route de terre ; car, sans cela, on ne fût jamais arrivé chez M. Claude.

Leçons de choses.

Fig. 139. — Poulpe. — Les poulpes sont des mollusques très communs sur les côtes de l'Océan et de la Méditerranée ; leur longueur ne dépasse pas 1 mètre.

EXERCICES ORAUX OU ÉCRITS

1. L'eau de la mer est-elle douce ?
2. Les courants de la mer peuvent-ils transporter les objets à de grandes distances ?
3. Qu'est-ce que les galets ?
4. Comment les crabes portent-ils leur queue ?
5. Les pattes des crabes repoussent-elles quand ils les perdent ?
6. Qu'est-ce qu'un poulpe ?
7. Avec quoi happe-t-il les animaux qui passent à sa portée ?
8. Avec quoi déchire-t-il sa proie ?
9. D'où provient la sépia ?
10. Quel usage les poulpes font-ils du noir qu'ils ont dans le corps ?

Questions sur les leçons de choses.

Fig. 138. — La mer contient-elle beaucoup d'animaux ? — Qu'est-ce que l'huître ? — Le marsouin ? — L'ormier ? — Le homard ? — La méduse ? — Le varech ? — La seiche ? — L'oursin ? — **Fig. 137**. — Qu'est-ce

---

Explication des mots. — **1**. Espèce d'animaux le plus souvent à enveloppe calcaire.

qu'un crabe ? — Dites les noms des espèces les plus répandues sur les côtes de France. — **Fig. 138.** — Qu'est-ce que l'écrevisse? — Où vit-elle? — De quoi se nourrit-elle ? — **Fig 139.** — Qu'est-ce que le poulpe?

XLVII (47)

L'arrivée du navire.

Le bon M. Claude était seul chez lui. Sa femme et ses cinq enfants étaient partis pour Beauvais[1] chez leurs grands parents, et il trouvait sa maison si vide et si tranquille qu'il persuada à ses amis de venir dîner et coucher chez lui. « Histoire de remplir cette grande maison, disait-il; car moi qui aime tant ce tapage d'enfants, je meurs d'ennui tout seul, et notre brave Lisette se lamente toute la journée parce qu'elle n'a rien à faire. »

Il faut dire cependant que nos jeunes voyageurs ne firent pas grand tapage ce soir-là. Après dîner, on ne réclama que son lit; car, depuis Georges le guerrier, jusqu'à François le marin, tous étaient vaincus par le sommeil, qui les fit passer doucement dans le royaume des songes.

Et le lendemain matin, Mme Durand eut grand peine à ramener ses petits garçons dans ce vilain monde terrestre où il faut se lever et s'habiller. A force de secouer et de raisonner cependant, elle finit par leur faire comprendre qu'on était au Havre, qu'il faisait un temps superbe, et que là-bas, au port, de beaux navires allaient et venaient, sans

---

Explication des mots. — **1.** Chef-lieu du dép. de l'Oise.

parler du bateau pour Rouen où il fallait s'embarquer.

On fut prêt en temps voulu et la dernière journée commença.

Au port tout était vie et mouvement; les

Leçons de choses.

Fig. 140. — (A). MATELOTS VIRANT AU CABESTAN. — Le cabestan est un treuil vertical placé sur le pont des navires et sur les ports; il se manœuvre au moyen de fortes barres de bois. On emploie le *cabestan* pour les manœuvres demandant de grands efforts et surtout pour déraper l'ancre [1].

(B) CALFATS. — On appelle ainsi des ouvriers qui remplissent avec de l'étoupe les joints du bordage des navires, afin d'empêcher le passage de l'eau. L'étoupe est introduite dans les vides au moyen d'une lame de fer sur laquelle le calfat frappe à coups de maillet, il goudronne ensuite la carène [2] du navire et la garnit d'un doublage de feuilles de cuivre.

matelots, debout depuis longtemps travaillaient avec ardeur; on en voyait qui viraient au cabestan, chantant en cadence pour agir tous ensemble. Des portefaix entassaient sur leur dos, en quantité invraisemblable, des paquets de toute sorte. D'autres tiraient, sur de petits chariots, de lourdes balles de coton, des caisses de jambons ou de lard. Les *calfats* badigeonnaient les navires avec du goudron bouillant; d'autres enroulaient des câbles semblables à d'énormes serpents. Les capitaines allaient et venaient au milieu de la foule des tra-

---

Explication des mots. — LEÇONS DE CHOSES. **1.** Pour l'arracher du fond de la mer. — **2.** Les flancs du navire jusqu'à la ligne de flottaison.

vailleurs, commandant de la voix, du geste et du sifflet.

La matinée était radieuse, de légères vapeurs flottaient encore dans l'air, et la côte de Sainte-Adresse était inondée de soleil. La mer tout étincelante était calme et belle, et notre petite bande arriva juste pour voir entrer un beau *trois-mâts* à voiles. Il approchait lentement, majestueusement, ses voiles enflées par la brise; le drapeau tricolore flottant fièrement en haut du grand mât.

— Il est Français! c'est un navire français, dit Ernest : Vive la France! Alors tous, grands et petits se découvrant, répétèrent le cri sacré :

Fig. 141. — Le trois-mâts approchait majestueusement, ses voiles enflées par la brise, le drapeau tricolore flottant fièrement en haut du grand mât.

VIVE LA FRANCE !

Le navire revenait d'un long voyage dans l'Amérique du Sud; parmi les passagers se trouvaient des Français qui revoyaient la Patrie pour la première fois depuis de longues années. Ils étaient là sur le pont, le cœur gonflé, les larmes aux yeux, regardant enfin cette terre de France, que là-bas, parmi les étrangers ils avaient tant de fois vantée, cette France qu'ils aimaient avec orgueil et tendresse. Cette foule qui se pressait au-devant d'eux, c'était la grande famille française qui venait leur tendre la main; ils se sentaient au milieu de frères. Les mouchoirs s'agitaient, les chapeaux sautaient en l'air; un cri immense répondit à celui de la foule, puis le navire s'inclinant à *tribord*[1] rasa la *jetée* et entra dans le port.

EXERCICES ORAUX OU ÉCRITS

1. Racontez le réveil des enfants et leur visite sur le port.
2. Expliquez ce que font les portefaix.
3. Les calfats.
4. Décrivez l'entrée du trois-mâts dans le port et l'ovation qui lui est faite.

Questions sur les leçons de choses.

Fig. 140. — Qu'est-ce qu'un cabestan? - A quoi est-il employé? — Qu'est-ce qu'un calfat? — Comment s'y prend-il? — Que fait-il ensuite?

XLVIII (48)

En bateau du Havre à Rouen.

L'heure de quitter le Havre était arrivée.

Nos amis n'eurent que le temps de courir bien vite s'embarquer sur un coquet petit bateau à vapeur qui faisait le service entre Rouen et le Havre.

M. Claude, qui avait accompagné ses amis au bateau, attendit jusqu'à ce qu'ils fussent embarqués et que, la cloche ayant sonné, le bâtiment fût en mouvement.

On laissa bientôt le Havre derrière soi ; Honfleur à droite, Harfleur à gauche; puis la belle Nor-

---

Explication des mots. — **1.** Côté droit du navire quand on regarde l'avant.

mandie montra à droite ses prairies, tandis qu'à gauche, sur les falaises, on voyait de riches maisons de campagne, des châteaux, des parcs. C'était comme un grand panorama qui se déroulait, changeant d'aspect à chaque instant.

— J'ai passé ma vie à courir le monde, disait un monsieur près d'André, mais je n'ai pas souvent fait de voyage plus charmant que celui du Havre à Rouen par la Seine.

Fig. 142. — Nos amis s'embarquèrent sur un coquet bateau à vapeur.

— Il est bien facile aujourd'hui, répondit un autre passager, de voyager ; mais, dans mon jeune temps, il fallait bien quatre jours de bateau pour aller à Rouen, et encore il n'y avait que de petits bateaux pour remonter jusqu'à Rouen. Ici où nous sommes, il n'y avait que des bancs de sable ; le fleuve était très peu profond par endroits, et la *barre* était extrêmement dangereuse. Les ingénieurs ont bien changé tout cela avec leurs *digues*[1] et tous leurs beaux travaux. La *barre* n'est plus bien terrible ; mais, quand j'étais gamin, je me rappelle avoir vu un navire, un bâtiment superbe, brisé complètement par elle ; il est venu s'échouer là auprès de Honfleur, et ce n'était pas chose rare.

— Qu'est-ce que c'est donc que la *barre?* demanda André à son père.

Explication des mots. — **1.** Levée en terre ou en maçonnerie pour maintenir les eaux.

— C'est une grosse vague qui vient avec la marée ; et quand, à l'embouchure d'un fleuve, elle se trouve arrêtée par quelque obstacle comme des bancs de sable, resserrée entre les deux rives de façon à ne pas pouvoir s'étaler, de chaque côté, alors elle se dresse comme une véritable muraille, remontant le fleuve avec fracas, brisant et submergeant tout ce qu'elle rencontre.

Fig. 143. — La barre de la Seine.

Nous verrons tout à l'heure comment le *mascaret*, comme on appelle ici la *barre*, ronge et détruit les rivages du fleuve.

— Regardez donc cette jolie maison avec des roses qui grimpent dessus, et une grande pelouse devant, et des petites chèvres, dit Berthe ; j'aimerais bien demeurer dans cette maison-là.

Fig. 144. — Regardez donc cette jolie maison

— Moi, j'aimerais mieux ce château là-haut, avec ses tours, dit son frère.

Et les enfants bavardaient, riant et sautant, enchantés de tout.

Une vieille dame, qui les regardait en souriant, vint causer avec eux et leur distribua toute une provision d'oranges.

Bien entendu les enfants ne les acceptèrent

qu'après en avoir demandé la permission à leurs parents.

— Je vais garder la mienne pour grand-père, dit Berthe en la mettant dans sa poche.

— Tiens, c'est vrai, grand-père aime bien les oranges ; moi aussi je garde la mienne, dit Ernest.

— Moi aussi, alors ; moi aussi, firent les autres, si bien qu'on finit par apporter à Mme Durand toutes les oranges, et elle les mit dans son sac.

Fig. 145. — L'Abbaye de Jumièges. — L'abbaye de Jumièges qui était occupée par des moines bénédictins, fut détruite par les Normands en 841 et 851. Ses ruines magnifiques sont à proximité de la Seine.

— Voilà une bonne idée, mes enfants, dit-elle ; cela fera plaisir à grand-père de voir que ses petits-enfants ont pensé à lui.

— Regarde donc, mon oncle ! s'écria tout à coup François ; on dirait un grand château tout en ruines. Vois-tu ces deux grandes tours là-bas !

M. Durand se leva et regarda dans la direction que désignait François.

— C'est l'abbaye de Jumièges, mon enfant ; elle a été détruite par les Normands, il y a quelque mille ans. Tu vois, ce n'est pas d'hier.

Tu connais l'histoire de ces *Normands*, ces terribles pirates du Nord qui arrivaient de la Suède[1] et de la Norvège[2] sur leurs petites barques,

Fig. 146. — Les Normands arrivaient de la Suède et de la Norvège sur leurs petites barques et remontaient nos grands fleuves, ravageant et massacrant tout sur leur passage.

et qui remontaient nos grands fleuves, ravageant et massacrant tout sur leur passage. Ils ont remonté la Seine jusque près d'Auxerre[3].

Aussitôt débarqués ils s'emparaient des chevaux, et, alors la nuit, ils s'en allaient par bandes piller les villes et les châteaux, ou bien tombaient sur quelque riche monastère comme celui-là. Et tu sais comment un roi de France, *Charles le Simple,* a fini par leur donner une grande et belle province où ils se sont établis, province qui porte

Explication des mots. — **1**. État du nord de l'Europe, cap. Stockolm. — **2**. État voisin de la Suède, cap. Christiania. — **3**. Chef-lieu du dép. de l'Yonne.

aujourd'hui le nom de ces hardis *Normands*, la *Normandie*, où nous nous trouvons pour le quart d'heure.

— C'est égal, il ne faisait pas bon vivre dans ces temps-là, dit André ; quand on se couchait le soir, on ne savait jamais si quelque bande de ces pillards ne viendrait pas vous attaquer pendant la nuit.

— Avec çà qu'on était beaucoup plus tranquille quand c'étaient les seigneurs français qui se battaient entre eux, dit Ernest ! Tout le temps on faisait la guerre, et, quand les soldats du voisin venaient chez vous, il n'y faisait pas bon vivre non plus.

— Ne me parle donc pas de ces seigneurs, dit François en relevant brusquement ses cheveux noirs, comme il faisait quand quelque chose l'indignait très fort. Ont-ils assez foulé les pauvres paysans ! Car c'étaient les paysans qui payaient toutes ces guerres-là et qui recevaient tous les mauvais coups.

— Moi, j'aime mieux vivre aujourd'hui, reprit Berthe, si des voleurs voulaient venir chez nous, eh bien ! les gendarmes les empêcheraient bien.

— Et si les Normands revenaient, ajouta Georges, nos soldats les battraient et les feraient partir.

— C'est vrai, mes enfants, nous sommes bien heureux de nos jours, dit M. Durand ; mais voyez comme il a fallu lutter et souffrir pendant de longs siècles, pour que notre France soit enfin ce qu'elle est aujourd'hui, un grand pays libre, où chacun vit protégé par les lois.

Si nos pauvres grands-pères revenaient, ils ne reconnaîtraient plus leur vieille France, et se demanderaient quels sont ces seigneurs qui se promènent partout, librement, chassant, pêchant, allant où bon leur semble, travaillant à leur idée et rentrant le soir dans une maison propre, bien bâtie.

Fig. 147. — Maison de paysan autrefois.

Ces seigneurs, ce sont d'anciens ouvriers, d'anciens laboureurs, qui se sont enrichis en travaillant.

Cette tranquillité, cette égalité, nous les devons aux pauvres paysans écrasés si longtemps sous la botte des anciens nobles, à ce bon peuple français si patient, si courageux, qui a travaillé pour nous et qui a acheté de ses

Fig. 148. — Maison de paysan aujourd'hui.

larmes et de son sang cette liberté qui nous rend heureux, et dont nous sommes fiers.

Voilà, mes enfants, pourquoi il faut aimer cette terre de France ; car c'est la terre où nos pères ont vécu, où ils ont espéré, lutté, souffert pour nous, et où nos enfants vivront après nous, pour conserver notre souvenir. — Mais je vous empêche de regarder autour de vous, mes amis, et c'est le moment ou jamais d'admirer notre beau pays de France.

— Oui vraiment, dit Mme Durand, car nous avons là devant nous un pays riche et admirable.

Et les collines verdoyantes, couronnées de châteaux, les villes aux hautes cheminées d'usines, les villages riants, les pâturages plantureux[1], tout cela passait, passait. De temps en temps, des chevaux s'enfuyaient effrayés par le sifflet du bateau à vapeur, ou de grands bœufs roux levaient lourdement la tête en ruminant.

Enfin le bateau s'arrêta au port de Rouen vers cinq heures du soir.

EXERCICES ORAUX OU ÉCRITS

1. Sur quelle rive de la Seine se trouve Honfleur?
2. Le Havre?
3. Harfleur?
4. Qu'est-ce que la barre?
5. Qu'est-ce que le mascaret?
6. Par qui l'abbaye de Jumièges a-t-elle été détruite?
7. Qu'étaient les Normands?
8. D'où venaient-ils?
9. Racontez les ravages qu'ils exercèrent en France.
10. Que fit Charles le Simple pour se débarrasser d'eux?
11. Faisait-il meilleur à vivre au moyen âge qu'à notre époque?
12. Qui payait les frais de la guerre et recevait les coups dans les guerres entre seigneurs féodaux?
13. La France est-elle un pays libre?
14. A qui le devons-nous?
15. Pourquoi devons-nous aimer la France?

Explication des mots. — **1.** Riches, garnis d'herbages en profusion.

XLIX (49)

Fin des vacances.

La tante Estelle, qui avait pris le train du matin avec son mari, attendait son monde avec impatience ; car le bateau avait du retard, et elle consultait les heures d'arrivée pour la dixième fois, lorsque la petite bande fit irruption dans la maison.

Il y en avait, des histoires à raconter à grand-

Fig. 149. — Après dîner, le grand-père s'installa dans son fauteuil au milieu de ses enfants et de ses petits-enfants.

père, ce soir là ! Après dîner il s'installa dans son fauteuil, et là, entouré de tout ce petit monde bruyant, il écouta les uns et les autres, riant avec eux, s'intéressant à toutes leurs petites joies et racontant à son tour les histoires de son jeune temps. Car lui aussi, avait voyagé, il avait vu bien des choses et bien des pays, ce vieux grand-père.

Et la soirée s'écoula doucement.

Le lendemain il fallut songer au départ, dire adieu à ses gentils amis, et quitter la belle Normandie pour rentrer à Paris, se remettre bientôt au travail.

On regrettait bien un peu les bonnes journées de vacances, les promenades avec l'oncle Jules, et les excursions de famille où tout le monde était si gai, où papa et maman oubliaient leur gravité pour rire avec les enfants.

Mais c'est égal, les grands garçons préparèrent leurs livres et reprirent le chemin de l'école pleins de courage et de bonnes résolutions.

François qui se sentait en retard, déclara qu'il voulait se rattraper; et je puis vous dire tout bas, qu'il est en train de tenir parole; car depuis la rentrée, il travaille avec une volonté et un succès qui étonnent ses professeurs.

C'est que grand-père lui avait dit qu'en travaillant à l'école on travaille pour la France, parce que c'est à l'école qu'on apprend à devenir bon citoyen. Et comme c'est un brave cœur qui veut être utile à son pays, il se met à la besogne avec ardeur.

Faites comme lui, mes chers enfants, faites votre devoir d'écolier en attendant que vous en ayez de plus graves à remplir; pensez que tout ce que vous faites de bien augmentera la richesse, la force, l'honneur de la Patrie.

EXERCICES ORAUX OU ÉCRITS

1. Racontez la fin des vacances et le retour à Paris.
2. Expliquez pourquoi en travaillant à l'école on travaille pour la France.

TABLE DES MATIÈRES

TROISIÈME PARTIE

LE HAVRE

DESSIN DES ÉCOLES PRIMAIRES

PAR

V. CAYASSE, Inspecteur primaire. | **J. LARUE**, Directeur d'école.

TABLEAUX MURAUX

1° Cours élémentaire et moyen

50 MODÈLES MURAUX COMPRENANT 60 EXERCICES

Ces 50 planches imprimées d'un seul côté, d'une façon très apparente mesurent 62 sur 47; elles sont nettement visibles à 10 mètres. Deux œillets permettent de suspendre chaque modèle au mur ou au tableau noir. PRIX : imprimées sur carte forte . . . . . . **12 francs.**

Dans un carton spécial . . . . **13 francs.**
LA MÊME COLLECTION, imprimée sur papier fort **8 francs.**
Dans un carton spécial . . . . **9 francs.**

2° Neuf cahiers d'application

112 EXERCICES

COURS ÉLÉMENTAIRE ET MOYEN (Neuf cahiers gradués)

Les huit premiers cahiers, le cent. . . . . **8 fr.**
Le neuvième cahier . . . . . — . . . . **12 fr.**

N.-B. — Ces cahiers, uniques dans leur genre, n'ont pas la prétention de former une méthode de dessin dans toute l'acception du mot; chacune des pages qui les composent reproduit par un tracé très léger, une partie ou un des modèles muraux. — Ils n'ont donc d'autre but que de faciliter la mise en pratique de l'arrêté ministériel du 12 janvier 1898.

3° Cours moyen spécial

25 MODÈLES MURAUX COMPRENANT 57 EXERCICES

Prix : **9 francs** — DANS UN CARTON SPÉCIAL : **10 francs**

Tableaux muraux imprimés sur carton de 62 sur 47.
Imprimés d'un seul côté, ils ne risquent pas de se détériorer.

Ce *Cours* comprend : figures géométriques, solides avec formules des surfaces et volumes, courbes usuelles élémentaires et applications, éléments sur les projections et la perspective cavalière, rosaces, dessins cotés et sujets tirés du genre végétal.

4° Cours élémentaire et moyen, et Cours moyen spécial réunis

75 MODÈLES MURAUX COMPRENANT 117 EXERCICES

Prix : **10 francs** — DANS UN CARTON SPÉCIAL : **11 francs**

Ces tableaux sont les mêmes que ceux énoncés ci-dessus, mais imprimés sur papier fort et non sur carte.

5° Collection de 12 plâtres scolaires

Prix : **10 francs**

Ces modèles représentent des ornements plans d'un faible relief, conformément à la circulaire ministérielle du 15 janvier 1898. Le relief varie de 8 à 12 millimètres, et chaque modèle, qui mesure 24 sur 18, reste bien visible à plus de 8 mètres. Des constructions simples facilitent la mise en place.

Les 12 plâtres expédiés dans une caisse divisée en 12 compartiments, ne peuvent subir aucune détérioration.

ECRITURE

MÉTHODE REVERDY

Adoptée pour les écoles de la ville de Paris et portée sur les listes départementales; conduisant rapidement à une bonne expédiée commerciale et réformant eu peu de temps les écritures défectueuses.

Honorée de plusieurs diplômes d'honneur, de nombreuses médailles, etc.

Par sa pente peu inclinée et par la rondeur des lettres, l'écriture de la Méthode Reverdy se rapproche beaucoup de l'ancienne écriture française; mais elle a l'avantage de conduire à une expédiée bien plus rapide et d'être aussi lisible.

La méthode comprend 10 cahiers

Chaque cahier est composé de 20 pages tracées et imprimées en taille-douce, avec calque, plus la couverture.

Imprimés en bleu sur beau papier blanc, le cent . . . . **8 fr.**

N.-B.— Les 10 cahiers sont envoyés franco à titre de spécimen à tous les membres de l'Enseignement, contre 60 c. en timbres-poste.

CAHIER DU MAITRE DE LA MÉTHODE D'ÉCRITURE REVERDY

Suivant pas à pas les exercices des cahiers d'élèves en les accompagnant d'explications et de démonstrations. Le maître n'a qu'à reproduire la leçon au tableau, en exposant les principes indiqués. Après la leçon, les élèves, ayant sur le cahier d'écriture et sous les yeux ce qui vient de leur être expliqué, font de rapides progrès. 1 volume in-4° couronne, cartonné. . . . . **2 fr.**

TRANSPARENTS REVERDY

Nº 1. Pour exercices d'écriture 4 millimètres.

Nº 2. Pour exercices d'écriture 2 millimètres.

Nº 3. Pour exercices d'écriture et devoirs, 1 millimètre.

Nº 4. Pour devoirs et dictées, 8 millimètres.

Format in-4° couronne (22 sur 17). Le cent assortis. **3 »**

PLUMES REVERDY

Ces plumes, spécialement fabriquées pour la méthode d'écriture **REVERDY,** sont employées avec avantage, pour les autres méthodes, et comme **plumes classiques ou de bureau.**

Nº 1, pointes grosses.

Nº 2, — moyennes.

Nº 3, — fines.

La boîte de 144 plumes (une grosse) **1 25**

Pub. 60.

CARNET DE CORRESPONDANCE
Entre l'école et la famille
(N° 1) HEBDOMADAIRE

Par A.-P. DE LAMARCHE, Officier de l'Instruction Publique

1 piqûre. . . . . » 15

Chaque feuillet offre au maître une ligne toute préparée pour sa note et ses observations sur chaque genre de travail ou d'exercice. Il est précédé d'un bulletin d'épargne scolaire, disposé pour servir toute l'année, et muni d'instructions extraites du *Manuel des Caisses d'épargne scolaires de France*, de M. de Malarce.

NOUVEAU LIVRET SCOLAIRE
(N° 2) MENSUEL

Par A.-P. DE LAMARCHE, Officier de l'Instruction Publique,

1 piqûre, in 8° carré. . . . . » 15

Ce nouveau carnet offre : 1° un extrait de la loi du 28 mars 1882 sur les obligations des parents relativement à l'instruction des enfants; 2° un extrait des programmes officiels; 3° 12 tableaux mensuels pour les notes et un tableau pour les versements à la Caisse d'épargne; 4° en tête de chaque page, des maximes de morale pratique, de patriotisme; 5° une instruction complète, par M. Burdeau, sur les Caisses d'épargne scolaires et publiques, sur la Caisse de retraites pour la vieillesse.

CARNET DE QUINZAINE (n° 3)

Par A.-P. DE LAMARCHE, Officier de l'Instruction publique.

1 piqûre in-12, couverture parcheminée . . . . » 15

Ce carnet est conçu sur le même plan que le nouveau carnet scolaire n° 2, mais il est *bi-mensuel* au lieu d'être mensuel. Il contient: 1° un extrait du règlement pour les écoles publiques; 2° un extrait de la loi du 28 mars 1882; 3° 25 tableaux pour les notes de l'élève; 4° un tableau pour les versements à la Caisse d'épargne.

SOMMAIRE QUOTIDIEN
DES
DEVOIRS ET LEÇONS SCOLAIRES

Par A.-P. DE LAMARCHE, Officier de l'Instruction publique.

Journal de classe à l'usage des élèves, destiné à recevoir la nomenclature des devoirs et des leçons donnés chaque jour de la semaine.

1 vol. in-12 cartonné, imprimé en bleu. . . . . » 20

Pub. 53.

www.ingramcontent.com/pod-product-compliance
Ingram Content Group UK Ltd.
Pitfield, Milton Keynes, MK11 3LW, UK
UKHW022213120726
13694UKWH00002B/522